1.111 Ausreden, Ausflüchte, Notlügen und Schwindeleien

Fine Findig

1.111 Ausreden, Ausflüchte, Notlügen und Schwindeleien

Fürs Zu-Spät- oder Nicht-Kommen,
für Unerledigtes und Missgeschicke,
fürs Schnellfahren und Falschparken,
für schlechte Noten, mieses Karma und
andere menschliche Schwächen …

Bibliografische Information der Deutschen
Nationalbibliothek: Die Deutsche Nationalbibliothek
verzeichnet diese Publikation in der Deutschen
Nationalbibliografie; detaillierte bibliografische
Daten sind im Internet über http://dnb.dnb.de
abrufbar.

© 2013/2022 die Urheberin/Autorin
hinter dem Pseudonym Fine Findig
Herstellung und Verlag:
BoD – Books on Demand, Norderstedt
ISBN: 978-3-7543-7477-1

Inhalt

Vorbemerkungen

Sich verspäten oder einen Termin vergessen, eine Aufgabe nicht erledigt haben, in der Schule eine schlechte Note bekommen oder nicht erreichbar sein – immer wieder gibt es im Leben unangenehme Situationen, in denen man eine gute Erklärung für Versäumnisse und Missgeschicke braucht.

Guter Rat ist jetzt nicht mehr teuer: unter den 1.111 Ausreden, Ausflüchten, Notlügen und Schwindeleien findet sich bestimmt eine, die Ihnen eine gute Erklärung liefert.

Die Erklärungen sind nicht alle bierernst zu verstehen. Einige Ausreden sind durchaus humorvoll, andere auch frech und provozierend und schließlich gibt es noch ein paar ganz fantastische.

Ein wichtiger Hinweis noch: Ob Sie die Ausrede fürs Falschparken oder das Nicht-Zahlen von Rechnungen nutzen: natürlich gibt es keine Garantie und auch keine Gewähr, ob Sie damit durchkommen. Das hängt unter anderem auch davon ab, wie gut und glaubwürdig Sie Ihre Ausrede vorbringen können.

Viel Erfolg – und vor allem auch viel Spaß dabei!

Sie kommen zu spät oder gar nicht: Ausreden für alle Gelegenheiten

Nur Minuten oder gar Stunden: Sie haben sich verspätet

Seitdem mein Wecker letzte Woche runtergefallen ist, funktioniert er nicht mehr richtig.

Das Schloss an der Haustür ließ sich nicht von innen öffnen, deshalb musste ich erst einen Schlüsseldienst anrufen, um überhaupt rauszukommen.

Meine Oma hatte ihre dritten Zähne verlegt und ich musste beim Suchen helfen.

Die Zeit hatte angehalten. Dachte ich zumindest und wartete auf das Ende der Welt. Erst Stunden später habe ich gemerkt, dass nur die Uhr stehen geblieben war.

Die Zentralverriegelung vom Auto ließ sich nicht öffnen.

Ich habe einen LKW überholt und dadurch die Ausfahrt verpasst. musste dann die ganze Strecke bis zur nächsten Ausfahrt weiterfahren. *(Noch glaubwürdiger wirkt es, wenn Sie genauere Angaben über die Ausfahrt und die Extra-Kilometer machen.)*

Die Fußgängerampel ist nicht grün geworden und ich wollte kein schlechtes Vorbild für die Kinder daneben sein.

Es gab Probleme mit der artgerechten Unterbringung von Franzi. *(Auf die Frage, wer Franzi ist, eine Antwort zurechtlegen wie z.B. meine Schildkröte, mein Wellensittich, meine Frau o.ä.)*

Ich dachte es sei Samstag. Erst als ich die Zeitung reingeholt habe, hab' ich gemerkt, dass erst Freitag ist.

Von dem Deo, das ich heute morgen aufgetragen habe, bin ich ohnmächtig geworden.

Kennen Sie Murphys Gesetz? Na sehen Sie: ich konnte gar nicht pünktlich kommen. (*Murphys Gesetz oder Murphy's Law besagt nichts anderes als: Wenn etwas schiefgehen kann, dann geht es mit Sicherheit auch schief.*)

Ich dachte, der Discounter verkauft wieder PCs mega-billig und stand deshalb über eine Stunde in der Schlange. Aber entweder gab es keine oder sie waren schon ausverkauft, jeden-falls habe ich keinen bekommen.

Das elektrische Tor meiner Garage ging heute morgen nicht auf.

Ich habe das Buch mit den Ausreden nicht gefunden. Das hat ein Freund von mir dringend gebraucht.

Ich konnte das Haus nicht verlassen, meine Frau hatte alle Hosen in die Reinigung gebracht.

Ich hatte heute morgen aus Versehen eine Überdosis von dem Husten-Medikament genommen – plötzlich wurde mir schwindlig und ich musste mich hinlegen.

Die Schlange am U-Bahn-Ausgang war so groß, dass es einfach so lang gedauert hat, bis ich da rauskam.

Gott hat mich nicht geweckt heute. Sonst ist er immer so zuverlässig.

Die Straßenbahn hatte Stromausfall.

Ich musste heute früh noch an der Bank vorbei und die Bankkarte blieb stecken – ich musste sie mit einer Zange wieder rauspopeln. (*Vielleicht können Sie sogar eine alte Karte an der Seite etwas ausfransen und vorzeigen.*)

Die Autobahn war so voll, dass sogar noch die Ausfahrten verstopft waren.

13

Auf der Straße war ein Politiker-Auto unterwegs, und hinter dem Autokorso aus wichtigen Leuten und Polizisten hat sich alles gestaut.

Ich habe heute meine Eltern zum Zug gebracht und den Koffer ins Abteil getragen. Der Zug ist losgefahren, als ich noch drin war. Bin am nächsten Bahnhof ausgestiegen und warte jetzt auf eine Rückfahrgelegenheit.

Beim Frühstück ist mir eine Plombe rausgefallen und ich musste dringend zum Zahnarzt.

Die Stadt ist eine einzige Baustelle und die Verkehrsführung mit den Einbahnstraßen habe ich nicht kapiert. Ich bin eine halbe Stunde lang im Kreis gefahren.

Ich bin den Zug in die falsche Richtung eingestiegen. *(Geht natürlich auch für Busse und Straßenbahnen.)*

Heute nacht habe ich xxx *(hier den Namen eines Promis einsetzen)* getroffen und der Traum war so gut, dass ich erst um 9 Uhr *(oder 10 Uhr oder noch später)* aufgewacht bin.

Da ist ein LKW liegen geblieben und es gab keine Möglichkeit ihn zu überholen und wenden ging auch nicht mehr.

Ich habe Pannenhilfe geleistet, mir dabei die Hosen verdreckt und bin nochmal heim mich umziehen.

Ich hatte vergessen, dass heute mein Hochzeitstag ist und musste noch schnell beim Blumenladen vorbei.

Die schmalen Reifen meines Fahrrads haben sich in den Straßenbahn- obwohl der Zug schon schienen verfangen und wegen des Verkehrs hinter mir konnte ich auch nicht einfach anhalten, sondern musste bis zur Haltestelle am

Bahnhof. Erst dort konnte ich anhalten, wenden und sicher auf dem Asphalt zurückfahren.

Ich muss das Navigationssystem im Auto mal überprüfen lassen – das Ding hat mich völlig in die Irre geleitet.

Die Feuerwehr hatte die Straße gesperrt, weil Gasgeruch in der Luft war.

Meine Tochter/Meine Ex-Frau/Wer-auch-immer hatte einen frischen Pickel und war suizidgefährdet.

Da sitzt ein Bullterrier vor meiner Haustür und jedes Mal, wenn ich die Tür aufmache, will er mich angreifen. Ich warte noch eine Weile, vielleicht geht er ja von allein weg, ich komme dann später.

Die Schranken vom Bahnübergang gingen einfach nicht mehr hoch, obwohl der Zug schon lange vorbei war.

Meine Frau hat wohl die falsche Kleidung aus der Reinigung mitgebracht, die Hose war viel zu klein.

Ich mache gerade eine Diät und die hat meine innere Uhr verstellt.

Als ich aus der Garage rauswollte, hatten Bauarbeiter die Straße aufgebaggert, und ich musste warten, bis der Graben mit einer Platte zugedeckt war.

Um ganz ehrlich zu sein: Ich war heute morgen noch zu betrunken, um zur Arbeit zu fahren. Verantwortungsbewusst wie ich bin, habe ich deshalb entschieden, zu Hause zu bleiben.

Offensichtlich habe ich bei meinem neuen Wecker die Bedienungsanleitung falsch verstanden.

Gerade als ich loswollte, kam ein Staubsaugervertreter und ließ sich nicht abwimmeln.

15

Mein Sohn/mein kleiner Bruder ist vom Rad gestürzt und hat sich das Bein gebrochen, ich musste erst dafür sorgen, dass er ärztlich versorgt ist.

Ein Bagger ist mit einer Panne vor meiner Ausfahrt liegen geblieben – es war nicht möglich, an dem vorbeizukommen.

An der Straße war ein Hund ausgesetzt und ich habe den Weg ins Tierheim nicht gleich gefunden.

Ich hatte die Steuerfahndung im Haus und musste noch schnell mein Schwarzgeld verstecken.

Ich dachte, ich hätte eine Funkuhr, die sich von allein auf die Sommerzeit umstellt. *(Passt halt nur, wenn Sie kurz nach der Zeitumstellung im Frühjahr eine Stunde zu spät kommen.)*

Heute morgen stand jede, aber wirklich jede Ampel auf Rot.

Der Kater der Nachbarin war hoch oben im Baum und konnte nicht runter – und meine Leiter war die einzige, die lang genug war, um dorthin zu kommen.

Mein Reifen war platt und da ich im Reifenwechseln nicht sehr geübt bin, hat es etwas länger gedauert.

Die Weiche der Straßenbahn war falsch gestellt und bis wir an der Umsteigehaltestelle waren, war die Anschlussbahn fort.

Die Reinigung hat heute später geöffnet, da bin ich nicht mehr rechtzeitig an meinen Anzug gekommen.

Der Friseurbesuch gestern ist völlig missglückt, ich musste heute morgen erst wieder restauriert werden, vorher konnte ich nicht auf die Straße.

Wasserrohrbruch in der Wohnung gegenüber. Und weil die Nachbarin so schusselig ist, habe ich mich selbst darum gekümmert. Sonst wäre es womöglich noch bei mir unter der Tür durchgelaufen.

Ich habe aus Versehen entcoffeinierten Kaffee getrunken und bin am Frühstückstisch eingeschlafen.

Meine kleine Schwester hatte heute morgen Prüfung und war so in Panik, dass ich ihr erst noch gut zureden musste.

Der Hahn vom Nachbarn hat heute morgen nicht gekräht. Vielleicht ist er ja schon im Kochtopf. Keine Ahnung, wie ich dann morgen wach werden soll.

Mein Auto ist nicht angesprungen, da bin ich getrampt, aber der Traktor, auf dem ich mitgefahren bin, war ja doch etwas langsam.

Ein Betonmischer ist in der Kurve vorm Haus umgekippt und der ganze Beton lag auf der Straße rum.

Ich habe mich verspätet, weil ich so lange nach einem zusammengehörenden Paar Socken gesucht habe. Seitdem wir das neue Waschmittel nutzen, finde ich nur noch einzelne Socken – die anderen scheinen von der Waschlauge aufgelöst zu werden …

Ich wollte ja anrufen und sagen, dass ich mich verspäte, aber ich hatte kein Netz, da war wohl ein Funkloch.

Eine Freundin hat mich angerufen und losgeheult, weil ihr Freund sie verlassen hat. Immer wenn ich das Gespräch beenden wollte, deutete sie Selbstmordabsichten an, deshalb saß ich stundenlang am Telefon fest, bis sie einigermaßen beruhigt war.

Von dem alten Baum ist heute Nacht ein riesiger Ast auf die Straße gekracht und die Kettensäge der Feuerwehr war kaputt. Alle aus der Nachbarschaft haben das Ding dann mit der Hand auseinandergesägt.

Ich komme heute später. Habe bei meiner Freundin übernachtet und Kaffee über meine frischen Klamotten geschüttet, jetzt muss ich erst nochmal heim zum Umziehen.

Ich hatte die Uhr versehentlich auf die falsche Zeitzone eingestellt.

Irgendwelche Witzbolde haben Flüssigkleber in das Türschloss vom Auto rein. Ich bekomme keine Tür mehr auf.

Total verschlafen, meine Katze muss heute nacht den Wecker vom Nachttisch geschubst haben, der lag heute morgen auf dem Boden.

Meine Oma stand auf dem Balkon und hat die Tür in die Wohnung nicht mehr aufgekriegt, da bin ich über die Nachbarwohnung zu ihr geklettert, um die verklemmte Tür aufzudrücken. Das hat mich dann doch Zeit gekostet.

Alle Autos waren eingeschneit, ich habe geschaufelt und geschaufelt, aber leider das falsche Auto freigeschaufelt. Und dann bin ich rumgelaufen und habe gerätselt, unter welchem Schneehaufen denn nun mein Auto steckt. *(Das geht natürlich nur in einem schneereichen Winter!)*

Wegen des Stromausfalls heute Nacht hat sich die Uhrzeit vom Radiowecker verstellt.

Vor mir ist ein alter Mann hingefallen und den habe ich noch zum Arzt gebracht. War aber GottseiDank nichts gebrochen.

Mein Sohn/mein kleiner Bruder hat bei allen Schuhen die Schnürsenkel doppelt und dreifach verknotet. Es hat mich viel Zeit gekostet, wenigstens ein Paar Schuhe zu entknoten.

Ich habe meine Kontaktlinse nicht gefunden und ohne die kann ich kein Auto fahren.

Bei uns im Viertel muss es einen Marder geben, der die Kabel anfrisst. Heute Nacht war mein Auto dran.

Ich war leider nicht in der psychischen Verfassung, heute Morgen die Beengtheit in den öffentlichen Verkehrsmitteln zu ertragen und bin deshalb zu Fuß gegangen – das dauert halt mal länger.

Der Busfahrer hat mich an der Haltestelle übersehen und ist vorbeigefahren.

Mir ist in den letzten Tagen morgens immer so übel, da sitze ich dann stundenlang auf der Toilette, bis es endlich wieder geht.

Sie sagten doch letztens, ich solle mir einen schönen Abend machen. Jetzt habe ich mir einen schönen Abend gemacht und jetzt ist es Ihnen nicht recht.

Ich musste erst noch den Krimi fertiglesen und den Mörder entlarven – die Spannung hätte mich heute sonst umgebracht.

Ich war im Stau, bin abgebogen und habe mich dann völlig verfahren.

Abführmittel im Cocktail gestern Abend – ein Witz meiner Freunde – ich saß den ganzen Morgen fest.

Am Mofa/Roller war der Zündkerzenstecker locker und ich hatte es nicht gemerkt.

Uns ist heute Morgen die Waschmaschine ausgelaufen, es hat ewig gedauert, bis der ganze Boden wieder trocken war.

Durch den Klimawandel ist ein Baum abgestorben und quer auf die Straße gestürzt. Es war nicht möglich, den Baum zu umfahren und hinter mir stauten sich jede Menge andere Autos.

Bei der Beichte heute Morgen sind mir 27 Vaterunser aufgebrummt worden, bin eben erst fertig geworden.

Dieses Beziehungsdrama gestern Abend im Fernsehen hat mich so deprimiert, dass ich mich heute morgen sehr lange motivieren musste.

(Stöhn.) Gestern Abend bei der Schwiegermutter zum Essen eingeladen. (Stöhn.) Miserable Köchin, schon immer gewusst. (Stöhn.) Aber so schlimm war's

noch nie. Ob's doch am Fisch liegt?

Im Bus habe ich den Mann meines Lebens gesehen und bin ihm einfach gefolgt – leider hat er irgendwo seine Frau abgeholt.

Ich musste dringend noch auf der Bank vorbei und dann hat es mich Stunden gekostet, die von mir sorgsam verschlüsselte Geheimzahl wieder zu entschlüsseln.

Der Bordcomputer vom Auto sagte, dass noch Benzin für 50 km drin ist – und trotzdem bin ich liegen geblieben, weil das Benzin alle war.

Mein Autoschlüssel ist in den Gully gefallen.

Das TV-Programm gestern war so lang-weilig, dass ich im Wohnzimmer einge-schlafen bin und dort habe ich keinen Wecker.

Auf dem Nachbargrundstück gab es Baumfällarbeiten und einer der Baumfäller hat die Fallrichtung nicht richtig abgeschätzt. Jetzt blockiert der Baum meine Haustür, ich komm' nicht mehr raus.

Mein Hund hatte Blähungen und diese Pupse waren so stinkig, dass ich nach dem dritten Pups in Ohnmacht gefallen und erst nach Stunden wieder zu mir gekommen bin. Jetzt geht es meinem Hund aber wieder gut, GottseiDank.

Geplagt von Alpträumen fiel ich erst heute morgen in die Tiefschlafphase. Aber jetzt bin ich ja da – frisch und munter.

Die ältere Frau von oben ist die Treppe runtergefallen und ich habe mich um sie gekümmert, bis der Notarzt da war.

Ich habe den Hund meiner Tante in Pflege und der ist mir heute beim Gassi gehen ausgebüchst. Das war eine Aktion, den wieder einzufangen. Aber ohne Hund wäre ich des Todes gewesen.

Entschuldigung, aber ich hab' keinen Parkplatz gefunden!

Ich glaub' der Fahrer von der Müllabfuhr war heute morgen besoffen. Der hat mit dem Lkw alle Mülltonnen auf die Straße geworfen, in dem Chaos war überhaupt kein Durchkommen mehr.

Hab' den Autoschlüssel auf der Fahrerseite abgebrochen und dann die Werkstatt angerufen. Bis die kamen, verging schon mal eine Stunde. Und dann nochmal 'ne halbe Stunde um das Schloss auszuwechseln.

Der Busfahrer war neu auf der Strecke und hat sich völlig verfahren.

Die Elektrik der Scheibenwischer ist kaputt, ich musste erstmal durch die Waschanlage, um mir Sicht zu verschaffen.

Ich bin verspätet? Dann hat meine Mutter/ meine Frau im Kalender die falsche Uhrzeit eingetragen.

Offensichtlich hat der Wecker geklingelt, als ich gerade auf der Toilette war. Da ich das Klingeln nicht gehört habe, habe ich mich wieder ins Bett gelegt und bin nochmal tief eingeschlafen.

Mein Wecker klingelt immer seltener. Ob es daran liegt, dass es ein asiatisches Billigprodukt ist?

Bin vorhin in eine Fahrzeugkontrolle gekommen und musste den ganzen Kofferraum ausräumen, um Verbandskasten und Warndreieck vorzeigen zu können.

(In einem höheren Gebäude:) Ich hatte heute einen schrecklichen Albtraum mit abstürzenden Fahrstühlen und habe deshalb die Treppe genommen. Sie glauben gar nicht, wie lang das dauert.

Ich habe gestern Nacht von einem aufregenden Unentschieden-Spiel der Bayern geträumt. Und dann ging es in die Verlängerung.

Musste noch schnell tanken und bin wegen des Preises für die Tankfüllung ohnmächtig geworden ...

Der Hamster ist aus dem Käfig ausgebüchst und hat das Kabel vom Radiowecker zerbissen.

Mit meiner Uhr stimmt was nicht, die lief heute schneller als ich.

Bei uns im Ort war ganz dichter Nebel, da habe ich die Orientierung verloren.

Bei uns ist doch die Schwiegermutter zu Besuch und die hat heute morgen zwei Stunden das Bad blockiert.

War schon an der Bushaltestelle, als mir eingefallen ist, dass ich die Kaffeemaschine nicht ausgeschaltet hatte.

Kennen Sie das? Sie fahren auf einer engen Landstraße und vor Ihnen ist ein Traktor, der die ganze Straßenbreite braucht? Sehen Sie, deshalb habe ich heute eine halbe Stunde zur Autobahn gebraucht.

Es ist schlimm, wie abhängig man schon von diesen Computern geworden ist. Heute morgen ist mein Navigationssystem ausgefallen und prompt habe ich mich verfahren.

Ich verstehe das nicht, mir ist das Benzin ausgegangen, dabei stand die Tankanzeige noch vor dem letzten Strich.

Bin in eine Fahrradkontrolle gekommen und weil mein Licht defekt war, musste ich den Rest der Strecke laufen.

Als ich aus dem Fenster kucke, fällt nebenan der Schornsteinfeger vom Dach. Da musste ich mich natürlich erst um den Notarzt kümmern.

Ich habe nach dem Weg gefragt und bin völlig in die Irre geschickt worden.

Kaufen Sie sich bloß keine runderneuerten Reifen! Mir ist heute morgen einer geplatzt. Das hat mich ganz schön Zeit und Nerven gekostet.

Ich habe morgen das kurze Streichholz gezogen und musste warten, bis die anderen im Badezimmer fertig waren.

Der Heizungsableser hat sich für halb neun angekündigt und kam erst um halb zehn.

Tschuldigung, aber am Adventskalender der Kinder war ein Türchen festgeklemmt.

Da war ein Schild mit Umleitung dem ich gefolgt bin und irgendwann kam ich ganz woanders raus. Ein freundliche Taxifahrer hat mir den Weg gezeigt, sonst ich jetzt noch unterwegs hierher.

Mein Opa wird immer vergesslicher. Gestern Abend rief er an, weil das Herzmittel all war, und weil er das dringend braucht, musste ich heute morgen erst in die Apotheke.

Irgendwas stimmt mit meinem Herzrhythmus nicht. War heute morgen noch in der Klinik und habe den Schrittmacher überprüfen lassen.

Tja, mir ist leider der Frühstücks-Speck

in der Pfanne angebrannt, und als mein Nachbar gesehen hat, wie viel Rauch aus dem Fenster kommt, hat er gedacht, alles brennt und blöderweise die Feuerwehr alarmiert. Sie glauben nicht, was die aus meiner Küche gemacht haben...

Die Börse in Paramaribo ist gecrasht, mein Vermögen ist futsch und ich gehe jetzt erstmal zu meinem Psychiater. *(Schwer zu überprüfen: Paramaribo liegt in Surinam, ein Börsencrash dort wird hier kaum in den Medien auftauchen.)*

Ich fürchte, ich habe den Stadtplan falsch rum abgelesen. Auf einmal war jedenfalls Norden und Süden vertauscht.

Ein Bauer hat aus irgendeinem Grund seine tausendköpfige Schafherde durch die Stadt getrieben. Die ganzen Straßen waren von blöd glotzenden Schafen blockiert.

Meine Tochter ist gestern Abend mit meinem Auto fort und war heute morgen noch nicht zurück.

Der Idiot vor mir ist einen Meter vor der Kontaktschleife stehengeblieben. Deshalb ist die Ampel nicht auf Grün umgesprungen. Und als ich ihm das erklären wollte, hat er noch ein Streitgespräch mit mir angefangen.

Ich habe es so eilig gehabt, dass ich geblitzt worden bin – und dann die Formalitäten zu klären, hat mir die Verspätung eingebrockt.

Tut mir leid, aber ich bin fünf Stationen vorher aus dem Bus raus, weil ich neben jemandem eingequetscht war, der für meine Geruchsrezeptoren untragbar war. Wäre fast in Ohnmacht gefallen.

Ich hatte einen Termin mit meinem Steuerberater und bin dort wegen der Steuernachzahlung in eine lange Ohnmacht gefallen.

Die Gebrauchsanweisung von meinem neuen Wecker ist so kompliziert, dass ich es gestern Abend nicht geschafft habe, ihn richtig zu programmieren.

Der Schlüssel vom Kleiderschrank ist abgebrochen und nackt wollte ich auch nicht ins Büro kommen. Also musste ich erst das Schloss knacken.

Ich habe gestern Abend für einen Kindergeburtstag in einem Bärenkostüm gesteckt und kam die ganze Nacht nicht raus. Meine Freundin wollte heute morgen das Kostüm mit einer Schere zerschneiden und hat dabei in den Fuß gestochen. Ich muss jetzt erstmal zum Arzt.

Mein Hund hat Unterzucker bekommen, lag völlig apathisch da, bin sofort zum Tierarzt.

Mein Arzt sagte, ich müsse mehr laufen. Also bin ich heute morgen nicht mit dem Auto, sondern zu Fuß gekommen.

Hab' heute morgen zu fest auf die Zahnpastatube gedrückt und es hat ewig gedauert, das Zuviel an Zahnpasta wieder in die Tube rein zu kriegen.

Kommt vor:
Sie kommen
überhaupt nicht

Heute Nacht ist auf einem Bauernhof ein Jungbulle aus einem Stall ausgebrochen und durch das Viertel getobt, die Polizei hat ihn erschossen, und das ausgerechnet vor meiner Garage, und bis jetzt das Protokoll geschrieben und der Kadaver abtransportiert ist, wird das noch eine Weile dauern.

Jedes Mal, wenn ich losgehen wollte, befahl mir der Radioansager dran zu bleiben

Eigentlich habe ich nur eine harmlose Grippe, aber das Mittel, das ich genommen habe, vertrage ich wohl nicht. Jetzt habe ich Kopfschmerzen, Schwindel, Bauchweh, und alles andere, was auf dem Beipackzettel steht.

Der Hund hat den Autoschlüssel gefressen. Jetzt müssen wir per Anhalter zum Tierarzt. Die Operation wird etwas länger dauern.

Haben Sie von diesem schrecklichen Unglück in der Zeitung gelesen? Meine Eltern/Meine Schwestern/o.ä. waren unter den Opfern, da verstehen Sie sicherlich, dass ich nicht/nicht kommen konnte.

Ich wollte gerade losgehen, da hat mich eine Wespe gestochen und darauf reagiere ich allergisch. *(Aufgepasst: Wespen, Bienen u.ä. fliegen nicht, wenn es kalt ist, erst ab ca. 10 Grad.)*

Meine Tante ist gestorben und da sie keine Kinder hatte, muss ich mich jetzt um alle Formalitäten kümmern.

Ich habe die Zeit aus Versehen vom Gregorianischen auf den Julianischen Kalender umgestellt. *(Ein Jahr hat nach dem Julianischen Kalender 365,25 Tage; nach dem Gregorianischen nur 365,2425. Seit der Einführung des Gregorianischen Kalenders liegt der Julianische Kalender mittlerweile ca. zwei Wochen zurück.)*

Meine hochschwangere Nachbarin hat Wehen bekommen und ich habe sie ins Krankenhaus gebracht. Dort hat der Arzt mich mit dem Vater verwechselt und genötigt, die ganze Zeit zu bleiben. Es ist ein hübsches Mädchen geworden.

Seit gestern Abend leide ich an einer Trigeminus-Neuralgie. Mit Ruhe und Dunkelheit bekomme ich es in ein, zwei Tagen hoffentlich in den Griff. *(Entzündung des Gesichtsnervs mit starken Schmerzanfällen.)*

Die Nachbarin musste dringend zum Arzt und ich habe auf die Kinder aufgepasst. Leider war der Fall komplizierter und sie kam erst nachmittags wieder zurück. Sie glauben gar nicht, was das für eine Erlösung war, weil mein Gehör doch sehr unter dem Kindergebrüll gelitten hat.

Meine Funkuhr hat seit Tagen kein Signal mehr empfangen, ich habe überhaupt kein Zeitgefühl mehr. Haben wir jetzt Mittwoch?

Ich bin abergläubisch, und vor der Haustür war eine Leiter, unter der ich hätte durchgehen müssen. Da konnte ich das Haus nicht verlassen.

Ich bin vom Klingeln des Weckers so heftig aus dem Bett gefallen, dass ich den ganzen Tag ohnmächtig da gelegen habe.

Ich kann heute nicht zur Arbeit kommen, da ist noch eine Rechnung mit meinem letzten Chef offen, der mich gefeuert hat, weil ich nicht zur Arbeit gekommen bin.

Meine Katze hat heute Nacht Junge bekommen und ich habe die ganze Nacht Nabelschnüre abgebunden.

Mir ist schlecht, ich glaube das liegt an dem Sushi-Essen gestern Abend.

Unmöglich, dass ich heute komme. Gestern Abend habe ich eine neue Haartönung ausprobiert, jetzt habe ich quietschrosa Haare und gehe erst mal zum Friseur, vielleicht kann der noch was retten, sonst muss ich sie abrasieren.

Aus dem Zoo ist ein Löwenrudel ausgebrochen und die ganze Straße war abgesperrt. Außerdem haben sie die Telefonleitungen gekappt, damit die Presse nix mitkriegt und die Bevölkerung nicht in Panik versetzt. Zustände sind das in diesem Land ...

Natürlich klingt es unglaublich, aber ich bin gestern Abend noch aufs Land rausgefahren, dann ist mir in einem Wald das Auto liegen geblieben, mein Handy hatte keine Netzverbindung, ich bin dann losgelaufen, musste im Wald übernachten, habe im Dunkeln den Geldbeutel verloren und habe dann den ganzen Tag gebraucht um heimzutrampen.

Ich bin in der Dusche ausgerutscht und habe mir den Knöchel verrenkt. Ich schaffe es noch nicht einmal die Schuhe anzuziehen.

Ich habe irrsinnige Kopfschmerzen und kann

nicht kommen. Vielleicht ist es bis morgen oder übermorgen besser.

Mein Liebeshoroskop sagt mir für heute viele erotische Stunden voraus – ganz ehrlich: was soll ich da im Büro?

Musste heute morgen noch Schnee schippen, dabei habe ich den Schlüssel für Haustür und Auto verloren und habe den ganzen Tag lang den Schneehaufen nach dem Schlüssel durchwühlt. *(Funktioniert natürlich nur im Winter bei Schnee.)*

(Um 9 Uhr:) Ich habe verschlafen, aber ich mache mich jetzt auf den Weg. (Um 12 Uhr:) Das verstehe ich nicht, bin angezogen am Frühstückstisch nochmal eingeschlafen, komme jetzt. (Am nächsten Tag:) Unglaublich, aber ich bin nochmal eingeschlafen, ich glaube, ich bin krank, gehe mal zum Arzt.

Ich kann heute nicht kommen, mein Mann ist Schlafwandler und als ich heute morgen aufwache, ist er nicht im Haus. Ich möchte mal wissen, wohin er heute Nacht gelaufen ist. Vorgestern war es nur die Garage.

Immer wenn ich so viel Stress habe, bekomme ich eine Ösophagitis, und jetzt ist es wieder soweit. *(Eine Ösophagitis ist eine Speiseröhrenentzündung, Symptome sind Sodbrennen und Aufstoßen.)*

Was weiß ich, was heute fliegt: Birke, Haselnuss oder Hausstaub. Jedenfalls sind Augen und Nase völlig zugeschwollen. Ich hoffe, morgen ist es wieder besser.
Ich erleide gerade einen Schub von Agoraphobie und kann das Haus heute nicht verlassen. *(Agoraphobie: die Angst vor Weite, d.h. vor freien Straßen und Plätzen.)*

Meine Nachbarin wurde mal wieder so von ihrem Mann verdroschen, dass ich den lieben langen Tag damit beschäftigt war, sie im Frauenhaus unterzubringen, die Angelegenheiten mit dem Jugendamt zu regeln und dann noch den Kram mit dem Scheidungsanwalt für sie erledigt habe. Die arme Frau ist allein völlig hilflos.

Das Nachbarhaus ist gerade eine Baustelle und ein dämlicher Lkw-Fahrer hat den ganzen Kies auf meine Einfahrt gekippt.

Ich wurde auf dem Weg hierher von einer schwarzen Limousine verfolgt – die musste ich zuerst abhängen.

Mein Onkel kommt heute am Flughafen an, und da er nur noch einen Arm, aber zwei Koffer hat, muss ich ihn abholen.

Mein Bullterrier wurde gestern von einem Dackel gezwickt, jetzt ist er so depressiv, dass ich mit ihm zum Therapeuten muss.

Ich war gestern Abend zum Essen eingeladen und habe mich dummerweise für das Pilzragout entschieden. Heute morgen ist leider mein Nervensystem noch etwas angekratzt. Einer der Pilze muss etwas giftig gewesen sein.

Bin beim Frühstücks-fernsehen wieder eingeschlafen und erst zu den Abend-nachrichten wieder aufgewacht.

Ich muss den Wochen-endurlaub verlängern, das Flugticket und alle Papiere sind gestohlen worden, ich komme hier so schnell nicht weg.

Meine kleine Schwester hat mich im Badezimmer eingeschlossen und nicht kapiert, wie sie die Tür wieder aufkriegt. Das Telefon hatte ich natürlich nicht dabei, um Hilfe anzurufen. *(Geht natürlich auch mit der kleinen Tochter, dem kleinen Neffen oder einem anderen kleinen Kind.)*

Als meine Lottozahlen gezogen worden waren, musste ich einfach feiern gehen. Aber Sie brauchen sich keine Sorgen zu machen: beim Bezahlen habe ich den Lottoschein in meinem Geldbeutel gefunden – stellen Sie sich vor, ich hatte ihn gar nicht abgegeben!

Meine Augen waren heute morgen so zugeschwollen, dass ich noch nicht einmal meine Schuhe finden konnte. Das ist doch nicht normal! Ich denke, ich sollte dringend zum Allergietest.

Ich hatte mich beim Umbauen dummerweise selbst eingemauert und meine Frau hat erst nach zwei Tagen gemerkt, wo ich stecke.

In unserem Viertel war eine Razzia, die Polizei hat Drogenbosse gesucht und mich verhaftet. Erst abends haben sie den Irrtum zugegeben und mich wieder gehen lassen. Mein Anwalt wird denen jetzt einheizen, das sag' ich Ihnen.

Hier in der Stadt muss noch jemand mit meinem Namen leben. Jedenfalls bin ich unschuldig verhaftet worden, und bis mein Anwalt die Sache geklärt hatte, war der Tag rum.

Ich bin in einen Banküberfall hineingeraten und war mit den Nerven völlig am Ende. Erst später hat sich herausgestellt, dass das die Filmaufnahme für einen neuen Tatort war.

Ich kam auf dem Weg an einer Kirche vorbei, und eine innere Stimme riet mir, mit Gott zu sprechen – und Sie wissen ja, wie gern ältere und einsame

Menschen reden und reden und reden, ich kam gar nicht mehr los.

Ich hüte gerade den Hund der Nachbarn und als ich ihm das Fressen in die Hundehütte stellen wollte, bin ich in der engen Öffnung steckengeblieben. Erst abends hat der andere Nachbar meine Hilferufe gehört.

Was? Es ist schon Mittwoch? Dann habe ich ja 32 Stunden am Stück geschlafen! Von Montag bis heute morgen! Irre!

Alle Welt spricht von Selbstfindung, und wenn ich mal nach mir suche, wollen Sie mir gleich einen Tag Urlaub abziehen?

Mein Freund hat mich aus Versehen bei sich im achten Stock eingesperrt, ich habe versucht mich abzuseilen, aber die Laken haben nicht ausgereicht. Die letzten

Meter hing ich da und habe auf die Feuerwehr gewartet.

Mein Arzt hat eine neue Krankheit an mir entdeckt. Die ist so neu, dass sie noch nicht einmal im medizinischen Wörterbuch zu finden ist. Jetzt will er in den nächsten Tagen intensiv weitertesten.

Seit dem Wochenende habe ich Angst vor Menschenansammlungen. Ich komme heute erst, wenn alle im Feierabend sind.

Es ist nutzlos, wenn Sie in das Telefon sprechen. Ich kann nichts hören, seitdem ich gestern Abend in der Disko vor den Boxen stand und gehe jetzt erstmal zum Ohrenarzt.

Ich habe heute Nacht die Lottozahlen von dieser Woche geträumt und packe jetzt schon mal die Koffer, damit ich mit meinem Gewinn ganz schnell fort-komme.

Meine Frau brauchte den Wagen, sie ist zurück zu ihrer Mutter.

Der Ex meiner neuen Freundin ist so eifersüchtig, dass er heute Nacht meine Haustür vernagelt hat, damit ich nicht mehr zu ihr kann. Zur Arbeit kann ich heute leider auch nicht, muss erst mal beim Handwerker anrufen.

Meine Kinder haben die Klobrille mit Leim eingestrichen und fanden das furchtbar witzig. Wenigstens war der Kleber wasserlöslich – aber das haben sie mir erst erzählt, als sie nachmittags heimgekommen sind.

Mein Ehering ist vom Finger gerutscht und in einen Gully gefallen, es war ganz schön mühsam, ihn wieder rauszukriegen, der Deckel war wahnsinnig schwer.

Ich glaub, bei mir fängt der Alzheimer an. Erst weiß ich nicht, wo mein Hausschlüssel ist. Dann suche ich den Autoschlüssel. Und danach wusste ich nicht mehr, wo ich überhaupt hin sollte.

Gestern Abend habe ich mein neues E-Auto an die Ladesäule gehängt und heute Morgen festgestellt, dass der Akku noch leer ist. Bis die Batterie halbwegs aufgeladen hat, ist der Tag gelaufen.

Ob Job oder Schule: Sie haben die Pause überzogen

Als ich draußen stand, hat ein Autofahrer einen Fußgänger angefahren, und ich musste warten, bis die Polizei mit der Zeugenbefragung fertig war.

Ich hatte die Geheimzahl von dem Schloss an meinem Schrank vergessen.

War in der Pause in der Stadt und habe mir den Fuß verstaucht. Musste mich dann erstmal auf eine Bank setzen, bis die schlimmsten Schmerzen weg waren.

Ich konnte mich einfach nicht entscheiden, was ich essen soll.

Die Schlange in der Kantine ging bis zum Eingang. Es hat eine halbe Stunde gedauert, bis ich überhaupt was zu essen hatte. *(Geht Ihr Chef auch in die Kantine? Dann sollten Sie diese Ausrede vorsichtig einsetzen.)*

Nach alter Pfadfinderregel wollte ich der alten Frau über die Straße helfen, hat ewig gedauert, die hat sich ganz schön gewehrt.

Mein Handy-Akku mit der Uhrzeit ist ausgerechnet in der Pause leer gewesen und so konnte ich nicht auf die Uhr schauen.

Ich bin mit jemandem in eine Diskussion über Sinn und Unsinn des Bildungswesens gekommen. Natürlich habe ich das Bildungswesen heftig verteidigt.

In der Toilette hat die Spülung nicht funktioniert, deshalb musste ich erst zum Bahnhof *(wahlweise auch ein anderes Gebäude mit öffentlicher Toilette)* laufen.

Ich habe ein Kaugummi verschluckt und eine Viertelstunde einen schweren Hustenanfall gehabt.

War kurz mit dem Auto zum Einkaufen und habe dann hier keinen Parkplatz mehr gefunden.

Die Bedienung im Café ist mit dem Tablett voller Gläser hingefallen und hat sich übel geschnitten – da musste ich natürlich noch Erste Hilfe leisten.

War in der Pause kurz einkaufen, und da war eine alte Frau, die hat so schwer an ihren Tüten getragen, dass ich ihr die heimgetragen habe. Es war dann weiter zu ihr, als ich gedacht hatte. Aber sie wissen ja: jeden Tag eine gute Tat.

Ich war schon fast wieder hier, als mir eingefallen ist, dass ich das Auto nicht abgeschlossen habe. Bin deshalb nochmal kurz zurück zum Parkplatz.

Ich habe am Straßenrand eine alte und verwirrte Frau aufgelesen, die nicht mehr heimgefunden hat. Nach einer Stunde quer durch die Stadt habe ich aufgegeben und sie auf einer Polizeistation abgeliefert.

Das Altersheim war nicht richtig zugesperrt, und auf einmal haben mir Dutzende verwirrter Leute den Weg versperrt.

Ich bin in der Kantine mit einem Star-Trek-Fan ins Gespräch gekommen und dabei voll ins Raum-Zeit-Kontinuum gefallen.

Ich war beim Bauern einkaufen und als ich zurück in die Stadt wollte, habe ich gemerkt, dass jemand aus dem Stadtplan diese Seite rausgerissen hat.

Bin so dämlich in einen Gullydeckel reingetreten, dass ich weder den Schuh noch meinen Fuß rausbekommen habe. Ein Passant hat dann die Feuerwehr angerufen, die hat mich nun aus der misslichen Situation befreit.

Ich musste in der Mittagspause was in der Stadt erledigen. Leider war die Ausfahrtschranke vom Parkhaus defekt, sie ging einfach nicht auf.

Der Automat für die Essensmarken hat das Geld nicht angenommen.

Ich bin in einen Protestmarsch von Landwirten und Kühen hineingeraten und prompt auf einem Kuhfladen ausgerutscht. Es war grauenvoll.

Die Bedienung kam nicht zum Kassieren. Und ohne zu zahlen wollte ich auch nicht gehen.

War in der Kneipe noch auf der Toilette und die Klosprüche dort waren so witzig, dass ich mich erst von dem Lach-krampf erholen musste.

Bin leider aufgehalten worden von so 'nem seltsamen Vogel, der blubberte blödes Zeug in mein Ohr, so von wegen nächste Woche sei Weltuntergang, irgendsoeine mega-seltene gefährliche Sternenkonstellation, dann faselte er noch was von Armageddon und dem Biest, hab dann die Polizei angerufen, der Typ gehört doch in eine Klapse ...

Ich hatte im Café wichtige Unterlagen liegen lassen und musste den ganzen Weg nochmal zurück. Gott sei Dank hat die Bedienung die Papiere noch nicht weggeworfen.

Beim Essen holen wurde ich Zeuge eines Verkehrsunfalls und als ich das Blut gesehen habe, bin ich ohnmächtig geworden.

Die Toilettentür hat von innen geklemmt. Es hat ewig gedauert, bis jemand den Hausmeister gerufen hat.

Ob Sie es glauben oder nicht, aber ich bin eben vom Pferd getreten worden.

Ich habe zufällig meinen ersten Mann getroffen, und er hatte mir so wahnsinnig viel zu sagen, bis seine zweite Frau vom Friseur rauskam.

Der Automat für Essensmarken war leer.

Die Pause überzogen

Ich war in der Pause gerade im Supermarkt, als die Türen zugesperrt wurden, weil mit den Bananen auch Taranteln angeliefert wurden und die mussten erst alle eingefangen werden.

Bin in der Fußgängerzone den Zeugen Jehovas in die Hände gefallen und die wollten mich vor lauter Bekehrungsversuchen nicht weitergehen lassen.

Ich brauche dringend Geld und musste daher noch den Lotto-Schein abgeben, leider war die Schlange so lang.
(Macht sich besonders gut, wenn der Jackpot wieder voll gefüllt ist.)

Stromausfall in der Kantine. Das Essen musste neu aufgewärmt werden. Mir ist jetzt schlecht, weil es noch schrecklicher als normal geschmeckt hat.

Ich hing in der Telefon-Warteschleife des Kundendienstes fest.

Ich war leider der 100.000ste Besucher im neuen Einkaufszentrum und musste die Glückwünsche und eine dämliche Ansprache über mich ergehen lassen.

Klingt wie aus einer Slapstick-Szene, aber ich bin auf der Straße tatsächlich auf einer Bananenschale ausgerutscht und musste mich erstmal 'ne Weile hinsetzen, weil alles so weh tat.

Zum Mittagessen hatte ich einen Mars-Riegel. Der soll ja verbrauchte Energie zurückbringen. Also habe ich gewartet. Erfolglos.

Ausreden wegen Ihrer Persönlichkeit und Eigenarten

Die Pflegeformel für Ihr äußeres Erscheinungsbild

Ich konnte mich heute nicht rasieren, weil der Strom ausgefallen war.

Das sind keine Schuppen, das ist das doofe Haarspray, das krümelt so.

Tschuldigung, wenn ich heute so nach Knoblauch rieche, aber ich habe einen unangenehmen Termin beim Chef und will den so kurz wie möglich halten.

Der Fleck auf der Hose? Da hat mir mein schusseliger Kollege den Kaffee draufgeschüttet.

Komisch, als Teenie hatte ich nie Pickel und jetzt habe ich so Hautprobleme, muss wohl an den Umwelteinflüssen liegen, oder vielleicht eine Allergie.

Die Haare zu lang? Aber genau in dieser Länge habe ich das neulich in einem Trend-Magazin gesehen.

Dreckige Schuhe? Dann schau doch mal den Firmenparkplatz an.

Meine Haare sind nicht fettig, das ist ein Haar-Gel.

Keine Krawatte? Tut mir leid, ich hatte einen Arzttermin und muss meine Krawatte dort vergessen haben.

Tschuldigung, wenn ich müffele, aber ich darf wegen eines Hautausschlags nicht duschen.

Ich will meine Achseln nicht rasieren, weil das beim Nachwachsen so piekst.

Dicker Bauch? Naja, ich habe mich schon zum Fettabsaugen angemeldet, aber die Warteliste ist so lang.

Unrasiert? Ich finde meinen Drei-Tage-Bart sehr schick.

Sorry, aber das Deo hält nicht, was die Werbung verspricht.

Das 3-Wetter-Haarspray hat heute morgen den Geist aufgegeben.

Wenn ich etwas unfein rieche: sorry, aber die Stadtwerke haben heute morgen die Wasserleitung abgestellt, die scheinen was zu reparieren.

In die Badewanne? Nie! Als Kind wäre ich fast mal ertrunken.

Haarentfernung an den Beinen? Wieso, das wächst doch alles wieder nach.

Der Fleck auf der Krawatte? Wie peinlich, aber im Fahrstuhl hat sich so eine Dicke mit ihrer Pommes-und-Ketchup-Tüte zu dicht an mich gedrückt.

Das ist kein herauswachsender Haaransatz, sondern eine völlig neue Färbetechnik.

Ich trage *immer* zwei verschiedene Paar Socken, das gibt meinem Leben Farbe.

Pflegen Sie ruhig Ihre Eigenarten

Zugegeben: ich kann einiges nicht sehen. Aber ich weigere mich eine Brille zu tragen, weil ich davon überzeugt bin, dass meine Augen dadurch schlechter werden.

Wenn Sie meine Handschrift nicht entziffern können, liegt es daran, dass ich als Kind mal einen komplizierten Bruch der rechten Hand hatte. Seitdem sieht es immer so krakelig aus.

Einen Brief schreiben? Ich reagiere allergisch auf Tinte und das Blei in den Stiften.

Jemandem die Hand schütteln? Aber so überträgt man einen Haufen Keime und wird krank ...

Wo der eine Schuh ist? Tja, der ist neulich mal in der Tür vom Bus hängengeblieben.

In einer Studie habe ich mal gelesen, dass Exzentriker älter und glücklicher werden. Seitdem bemühe ich mich darum, ein Exzentriker zu sein.

Nein, ich habe nicht vergessen, die Schuhbändel zu schnüren. Ich laufe deshalb in offenen Schuhen rum, weil ich mich meine Hühneraugen so drücken.

Ich gerate wohl nach meinem Urgroßvater; der galt als sehr verschroben.

Ich weiß genau, sobald ich mit dem Rauchen aufhöre, kriege ich Krebs, weil ich so lange

geraucht habe. Also rauche ich lieber weiter.

Ich bin immer offen und sage, was ich denke. Und ich denke, es geht Sie nichts an, warum ich so bin wie ich bin.

Wider die guten Sitten. Aber gründlich.

Ich halte keiner Frau mehr die Tür auf, nachdem ich schon so oft deswegen angeblafft worden bin. Die Wiederholungsgefahr ist einfach zu groß.

Klar sollte Mann Frauen den Vortritt überlassen. Aber in diesem Fall geht Majestät vor Schönheit.

Ich kann Ihnen leider nicht in den Mantel helfen, ich hab's an der Schulter.

Die Hand kann ich Ihnen leider nicht geben, leide gerade an einer seltenen Kontaktallergie.

Natürlich ist Rülpsen unanständig, aber besser, die Luft geht dort raus, oder?

Tut mir leid, dass ich Sie letzte Woche auf der Straße nicht gegrüßt habe, aber ich bin kurzsichtig und hatte meine Brille nicht auf.
Auch wenn Ihnen der Anblick unangenehm ist - ich muss mein Essen mit der Gabel zu Brei zerdrücken, weil ich nur mit einem Zahn nicht gut kauen kann.

Wir leben in einer Ellbogengesellschaft, da kann ich Ihnen leider keinen Vortritt lassen.

Tut mir leid, dass ich am Tisch rülpse, aber etwas stimmt nicht mit meiner Speiseröhre, das rutscht immer so raus.

Normalerweise esse ich schon mit Messer und Gabel, aber ich habe eine Zerrung in der linken Hand.

Wie steht's mit Ihrer Figur?

Diätmittel machen mich nur noch dicker.

Meine Diät ist völlig ausgeglichen, für jede Packung dunkle Schokolade esse ich eine Packung weiße.

Nun ja, aber in den Süßigkeiten und im Fast Food sind ja auch Konservierungsstoffe und die lassen mich dann länger jung aussehen.

Tja, je erfolgreicher ich im Job wurde, desto weniger Zeit hatte ich für Sport.

Ich esse überhaupt nicht viel, aber mit meinem Stoffwechsel stimmt was nicht.

Ach, meinen Badeurlaub habe ich für dieses Jahr hinter mir, ich will jetzt erst nächstes Jahr wieder abnehmen.

Der Kuchen hat laut nach mir gerufen. Ich hab's genau gehört.

Ich hab Schokolade für die Kinder gekauft, aber im Auto war es so heiß, dass die Schokolade anfing zu schmelzen und deshalb habe ich sie selbst gegessen – natürlich nur mit dem allergrößten Widerwillen.

Bis vor kurzem habe ich noch auf die Figur geachtet, aber seitdem es diese Body-Positivity-Bewegung gibt, die einen dicken Körper zu einem schönen Körper erklärt, habe ich jetzt keine Hemmungen mehr zu essen, worauf ich Lust habe.

Falls Sie telefonisch nicht zu erreichen sind

Natürlich war mein Anrufbeantworter eingeschaltet. Wenn der sich nicht eingeschaltet hat, dann ist er kaputt.

Die Mailbox funktioniert tatsächlich nicht, ich kapiere nämlich die Gebrauchsanweisung von dem neuen Handy nicht.

Ach, da war 'ne and're Nummer und Stimme auf dem AB? Tja, mein AB war kaputt und da habe ich mir den von den Nachbarn geliehen. Scheinbar habe ich vergessen, einen neuen Ansagetext drauf zu sprechen.

Es ist quasi unmöglich, mich telefonisch zu erreichen, der Akku vom Telefon lädt sich nicht mehr richtig auf.

44

Hab' den Telefon-Anbieter gewechselt – und seitdem bin ich kaum noch erreichbar, das nervt!

Ich habe mein Handy in der Wohnung meiner Mutter/meiner Schwester vergessen und die war übers Wochenende weg – deshalb habe ich gar nicht mitbekommen, dass Du mir auf die Mailbox gesprochen hattest, ich solle mich melden.

Ich konnte nicht zurückrufen, denn mein Partner und ich haben das gleiche Handy – und mein Partner hat heute morgen versehentlich meins eingesteckt und da sind sämtliche Rufnummern drin.

Auf dem Anrufbeantworter hat sich eine Frau Meyer gemeldet? Na, dann musst du die falsche Nummer gewählt haben.

Falls Sie telefonisch nicht zu erreichen sind: schieben Sie einfach den Anrufbeantworter vor

„Hier ist ein Ansagegerät, bei (Name) sind alle Telefonleitungen belegt, Sie werden gleich an ein Aufzeichnungsgerät verbunden, sobald mal wieder eines frei wird."

„Sie sind verbunden. Aber mit wem? Diese Frage gehört zu den großen Rätseln der Menschheit. Wenn Sie das Rätsel lösen können, hinterlassen Sie mir bitte eine Nachricht."

„Hier spricht der AB. Ich bin wegen dem vielen Piepsen völlig im Eimer. Vielleicht schaffen Sie es trotzdem, eine Nachricht zu hinterlassen."

„Sie sind mit der Nr. 1234 verbunden, ich wiederhole: Nr. 4567, oder war es 8912? Jetzt bin ich durcheinander, legen Sie bitte auf und versuchen Sie es in einer Stunde noch einmal."

„Hier ist die Datenbank Ihres Online-Shops. Sprechen Sie nach dem Piepton bitte Schuhgröße, Kleidergröße, Lieblingsfarbe und monatliches Netto-einkommen auf das Band. Sie erhalten umgehend das Sortiment."

„Dies ist ein Geheimagenten-AB. Damit er nicht vom Feind abgehört werden kann, sprengt er sich selbst in die Luft. Sie brauchen bloß einen Ton zu sagen. Und ich dann nicht mehr zurückrufen."

Lästige Verehrer/innen erfolgreich vom Leib halten

Seitdem ich die vielen Scheidungen im Freundeskreis miterlebt habe, bin ich für eine Beziehung nicht mehr zu haben.

Beziehung mit mir? Okay, aber dann wartet gleich volles Programm auf dich, denn bei meiner Mutter tropft der Wasserhahn, dann könntest du meinem Onkel gleich beim Tapezieren helfen, ach ja, und dann ist da noch meine Kusine, die braucht paar starke Hände für den Ausbau vom Speicher, meine Oma muss öfters mal zum Arzt gebracht werden, achso und passt es dir ins Programm, immer morgens mit meinem Hund Gassi zu gehen?

Sei mir nicht böse, aber ich habe momentan gleichzeitig vier Freunde/-innen und das ist schon Stress genug.

Ich habe einen festen Freund, der ist zwar gerade für ein Jahr im Ausland, aber für mich immer noch die Nr. 1.

Ach nee, der Altersphase mit dem festen Freund bin ich entwachsen, das ist jetzt einfach nicht mehr so wichtig.

Die letzte Frau, die ich erhört habe, musste zwei Jahre darauf warten. Willst du das auch tun? *(oder eben: „der letzte Mann, den ich erhört habe")*

Der Zeitpunkt ist gerade ungünstig, ich überlege nämlich gerade ganz woanders hinzuziehen oder auszuwandern und will mich dann hier nicht mehr binden.

Das Ende meiner letzten Beziehung ist gerade mal acht Monate her und ich muss mich noch davon erholen.

Hör zu: Mein letzter Ex-Freund hat noch nicht überwunden, dass ich Schluss gemacht habe, und ist noch so eifersüchtig, dass er bis jetzt jeden, der mir zu nahe kam, krankenhausreif geschlagen hat. Und ich hab's allmählich satt, immer kaputte Männer zu pflegen, also lassen wir das besser sein.

Ich bin lesbisch und du wirst mich auch nicht vom Gegenteil überzeugen. *(Oder im anderen Fall halt schwul.)*

Schätzchen, ich bin für meinen Job ständig zwischen Flensburg und Garmisch unterwegs und will dann am Wochenende kein Genöle im Ohr haben.

Nach meiner Hypnose-Therapie weiß ich, dass ich in meinem früheren Leben von meinem Mann umgebracht worden bin. Seitdem lehne ich eine feste Beziehung ab.

Ich bin schon völlig ausgebucht. Montags mit Thomas Schach spielen, dienstags mit Angelo in die Musikstunde, mittwochs mit David zum TaiChi, donnerstags mit Kurt in die Kunstgruppe, freitags mit José ins Kino, samstags mit Michael ins Fitnessstudio, sonntags mit Sam ins Café. Und das jede Woche. Ich weiß wirklich nicht, wo ich Dich da noch unterbringen soll.
(Ganz klar, dass hier Namen, Wochentage und Freizeitgestaltung beliebig austauschbar sind.)

Ausreden für Partner, Familie und Freunde

Wie peinlich: wieder mal einen Geburtstag vergessen

Das kann nicht sein, dass du Geburtstag gehabt hast, du siehst kein bisschen älter aus.

Was? Wir haben schon März? Ich war die ganze Zeit noch im Februar. *(Klar: auch hier heißt es, den Monat entsprechend zu ändern.)*

Nein, ich hatte ihn nicht vergessen und den ganzen Tag versucht anzurufen, aber entweder ist dein oder mein Telefon nicht in Ordnung, es war immer besetzt.

Ach je, an diesem Tag hat meine beste Freundin geheiratet und vor lauter Trubel bin ich nicht zum Anrufen gekommen.

Tut mir leid, aber ich habe zwar alle Daten in den Kalender reingeschrieben, aber der ist mir letzten Monat abhanden gekommen.

Mein Silvester-Vorsatz für dieses Jahr: nur noch der schönen Momente des Lebens zu gedenken.

Ich habe den Tag aus Versehen im falschen Monatsblatt eingetragen. *(Also statt im Mai im Juni oder statt im Oktober im November.)*

Seitdem ich an dem Gedächtnistraining teilgenommen habe, kann ich mir zwar Namen und Gesichter besser merken, aber überhaupt keine Termine mehr.

Also dieses Jahr ist mir dein Geburtstag leider durchs Gedächtnis gerutscht, ich hatte so viel um die Ohren, den Ärger mit dem Chef, Mobbing unter Kollegen, dann noch Ärger mit dem Vermieter, das Auto kaputt – tut mir leid, aber in diesen Tagen ging wirklich alles schief.

Ich habe deinen Geburtstag nicht vergessen, sondern erfolgreich verdrängt. Ich kann nicht glauben, dass du älter wirst.

Ich war so deprimiert, weil die Firma uns das Weihnachts- und Urlaubsgeld gekürzt hat. Und außerdem auch noch die Kantine schließt. Stell Dir vor, mittags nichts mehr zu essen! Das ist doch kein Leben mehr, kein Wunder, dass ich keinen Kopf mehr für andere Dinge habe ...

Komisch, aber seitdem ich beim Skaten am Laternenpfosten gelandet bin, werde ich immer vergesslicher...

Den ganzen Tag habe ich an nichts anderes gedacht, aber als ich nach Hause kam und anrufen wollte, gab es gleich so viel Ärger mit den Kindern/den Nachbarn, dass es einfach unterging.

Für mich wirst du einfach nicht älter.

Du weißt doch, alles, was ich nicht aufschreibe, vergesse ich. Nimm' es nicht so persönlich.

Seltsam, ich dachte, letztes Jahr hätte ich dir eine Woche zu früh gratuliert, deshalb habe ich dieses Jahr gedacht, die Geburtstagsgrüße wären eine Woche später dran.

Alle Jahre wieder: den Hochzeitstag versäumt

Meine Assistentin hat mich nicht erinnert.

Liebling, ich hatte ein tolles Geschenk im Internet gekauft und wollte es ins Büro liefern lassen damit es auch wirklich eine Überraschung ist – aber leider ist das noch nicht angekommen.

Ich wollte letztens im Familienstammbuch nachschauen, konnte es aber nicht finden. Wo hast du das denn versteckt? Wenn du nicht immer alles wegräumen würdest ...

Vergessen? Nein, ich habe mich nur verstellt, weil ich schauen wollte, ob du daran denkst ...

Ich habe damals gleich gedacht, wir sollten am 5.5. heiraten, das hätte ich mir leichter merken können. *(Kann natürlich auch je nach Monat der 6.6., 7.7., oder ein ähnliches Datum sein.)*

Ach Schatz, natürlich habe ich an den Hochzeitstag gedacht und auch ein Candlelight-Dinner bestellt, aber das tolle Edel-Restaurant ist völlig ausgebucht, und jetzt habe ich es halt für nächstes Jahr festgemacht. Naja, dann kannst du dich ein ganzes Jahr lang darauf freuen.

Liebling, ich habe ein Dutzend Blumenläden abgeklappert, um dir deine Lieblingsblumen zu kaufen, aber ich habe sie nirgendwo bekommen.

Wie könnte ich den Hochzeitstag vergessen! Ich habe doch extra beim Blumenladen einen Riesenstrauß roter Rosen bestellt. Sind die denn noch nicht geliefert worden?

Entschuldige ich dachte, am heutigen Tag wäre der Polterabend gewesen. Ich wollte dich jetzt morgen überraschen.

Unsere Beziehung ist doch kein bisschen älter geworden, oder? Also mir kommt es vor, als sei seitdem kein Jahr vergangen.

Nein, überhaupt nicht vergessen. Das Peinliche ist doch: ich hatte dir etwas ganz Schönes als Geschenk besorgt, aber so gut versteckt, dass ich es jetzt selbst nicht mehr finde.

Aber Liebste(r), was zählt schon dieser eine Tag zwischen den anderen 364 Tagen einer glücklichen Ehe.

Häschen, ich habe eine Überraschung vorbereitet, aber noch nicht fertig. Gibst du mir noch zwei oder drei Tage für eine richtig tolle Überraschung? Ich sage dir, das Warten wird sich lohnen ... Mehr verrate ich jetzt aber nicht!

Schatz, heiraten heißt doch, gemeinsam älter werden zu wollen. Und zum Älterwerden gehört auch das Vergesslich-werden.

Erklärungen für Eifersuchtsszenen, die natürlich jeder Grundlage entbehren

Der Lippenstift am Hemdkragen? Achja, im Fahrstuhl hat's heute einen üblen Ruck

gegeben, und alle Leute sind gegeneinander gefallen, dabei muss das wohl passiert sein.

Rieche ich wirklich nach Parfum? Naja, ich wollte dir eins kaufen und war in einer Parfümerie, aber ich konnte mich überhaupt nicht entscheiden. Sag doch einfach, welches du gern hättest, okay?

Natürlich komme ich spät vom Büro. Aber der Chef hat heute Abend noch ein Gespräch über strategische Planungen angefangen und dabei auch personalpolitisch ein bisschen aus dem Nähkästchen ge-plaudert – da konnte ich nicht einfach gehen.

Sagst du nicht immer, ich rauche zuviel? Siehst du, und deshalb gehe ich abends in eine Entwöhnungsgruppe. Ich hoffe nur, dass sich diese Mühe auszahlt und ich wirklich die Lust aufs Rauchen verliere.

Der Zettel mit der Telefonnummer? Die gehört der Freundin von meinem besten Freund Thomas. Seit vier Wochen will die ihn nicht mehr sehen, der arme Kerl weiß gar nicht warum und hat mich gebeten, quasi den Vermittler zu spielen.

Das Paket vom Sexshop-Versand, das heute kam? Verstehe ich auch nicht, da muss jemand einfach auf meinen Namen bestellt haben. Vermutlich, um dich eifersüchtig zu machen.

Ja, ich weiß, ich komme spät heim, aber das Meeting heute Nachmittag war so anstrengend, ich bin doch glatt danach in meinem Büro eingeschlafen.

Was ich mit diesen Potenzpillen mache? Gar nichts mache ich mit denen, die gehören mir nämlich gar nicht, sondern ich habe die nur für meinen Freund über's Internet bestellt.

Die Adresse der Seitensprung-Agentur? Das hat einen einfachen Hintergrund: ein Kumpel aus Schulzeiten ist Journalist geworden und jetzt recherchiert er gerade über Seitensprung-Agenturen und hat mich gebeten, dort einmal als Strohmann anzurufen.

Bitte keine Vorwürfe, dass ich in letzter Zeit so spät vom Büro heimkomme. Eigentlich wollte ich dich ja überraschen, aber bitte, dann sag' ich's halt jetzt: ich mache abends noch Muskelaufbautraining, um die Rettungsringe am Bauch wegzukriegen. Schließlich will ich dir ja auch in ein paar Jahren noch gefallen.

Im Büro geht's doch grad drunter und drüber, erst wird mein Chef krank, dann noch seine Sekretärin, irgendwer muss doch den Laden am Laufen halten.

Schatz, in den nächsten Wochen kann's abends etwas später werden, denn mein Chef geht bald weg und ich möchte gut vorbereitet sein, wenn es darum geht, wer seinen Posten übernimmt.

Vielleicht aus gutem Grund: eine Zusage nicht einhalten

Doch, ich wollte das ja machen, aber dann habe ich meinem Mann davon erzählt und der hat sich dann angeboten. Hat er das noch nicht erledigt? *(Wahlweise können Sie auch Ihre Frau, Tante, den Onkel, Bruder oder einfach einen Vornamen verwenden.)*

Ich konnte das nicht erledigen, die Gewerkschaft streikt doch und zur Zeit läuft da gar nix.

Ach, der Knoten im Taschentuch sollte mich *daran* erinnern...

Den Anzug aus der Reinigung holen? Aber ich habe doch gar keinen Abholschein.

Mein Telefon und der Anrufbeantworter sind für ein paar Tage abgeschaltet, weil ich in den letzten Tagen von jemand mit blöden Anrufen terrorisiert worden bin.

Mit Regalen andübeln kann ich leider nicht aushelfen, meine Bohrmaschine hat letzte Woche den Geist aufgegeben.

Nein, das mit dem Kino diese Woche klappt nicht, meine Brille ist beim Optiker zur Reparatur und ohne sehe ich nichts.

Natürlich könnte ich die Oma zum Arzt fahren, aber ich habe gerade die Autoschlüssel verlegt.

Nein, ich kann bei Oma den Garten nicht umgraben, hab' mir gestern einen Hexenschuss geholt.

55

War heute in der Reinigung, aber der Fleck war noch drin, es wird jetzt nochmal gereinigt.

Unmöglich! An diesem Tag wird das Endspiel um den UEFA-Cup übertragen.

Ich kann Tante Frieda nicht dorthin fahren, mein Auto muss in die Inspektion.

Ich soll gesagt haben, dass ich mit Euren Kindern in den Zoo gehe? Wo ich doch allergisch bin auf Tierhaare?

Unkraut rupfen helfen? Ich kenne doch den Unterschied zwischen Unkraut und Kräutern gar nicht. Womöglich rupfe ich da die falschen Pflanzen raus.

Ich kann leider nicht mit ins Kino, hab's im Kreuz und kann nicht so lange still sitzen. An diesem Tag ist schon eine außerordentliche Sitzung des Kleintierzuchtverbands.

Ich wollte deinen Anzug aus der Reinigung holen, aber der war noch nicht fertig. *(... oder die frisch entwickelten Fotos holen, oder die Schuhe beim Schuhmacher abholen, oder...)*

Eine Einladung zu einem Abend mit Bildern von Eurem letzten Urlaub? Das ist ja wirklich ganz reizend, aber irgendwas stimmt mit meinen Augen nicht, wenn ich konzentriert schaue, fangen sie gleich an zu tränen.

In dieser Woche muss ich Überstunden machen, weil ein Kollege in Urlaub ist.

An dem Familienausflug mit Fahrrad kann ich leider nicht teilnehmen, mein Fahrrad und ich hatten gestern einen Unfall. Mir geht's gut, aber mein Fahrrad ist platt.

Immer ein schwerer Fall: nicht an der Familienfeier teilzunehmen

Du weißt doch, dass sich mein Hund nicht mit Onkel Hermanns Katze verträgt.

Tante Martha bringt mich mit ihren Lebensweisheiten zur Weißglut – und das verträgt mein Nervensystem nicht.

An diesem Tag habe ich schon ein wichtiges Geschäftsessen. Das sollte ich nicht versäumen, weil dann über die nächsten Beförderungen gesprochen wird.

Geht nicht, am nächsten Tag haben wir eine wichtige Konferenz und da muss ich abends um 8 ins Bett, um richtig ausgeschlafen zu sein.

(Für die kurzfristige Absage:) Ich kann heute nicht kommen, der Hund/der Hamster meines besten Freunds ist gestorben und ich muss jetzt bei ihm sein und Beistand leisten.

Ich habe den Verdacht, dass ich ein Findelkind bin und gar nicht zur Familie gehöre und solange dieser Verdacht nicht ausgeräumt ist, möchte ich niemanden unter die Augen treten.

Ich habe Marcus *(bzw. Name eines nahen Verwandten)* gesagt, ich haue ihn beim nächsten Wiedersehen auf die Nase – soll das ausgerechnet an Omas 75. Geburtstag sein?

Ich habe gerade eine üble Magen-/Darmgrippe und würde ein Festessen nicht überleben.

Nein, mir war nach dem letzten Familienessen so schlecht, das will ich kein zweites Mal erleben.

Der Geburtstag Deines Onkels findet auch nächstes Jahr statt – die Fußball-EM *(oder ein anderes wichtiges Sportereignis)* aber erst wieder in vier Jahren.

Weihnachten mit der ganzen Familie muss ich dieses Jahr ausfallen lassen, ich habe kein Geld für die Geschenke.

Mein Horoskop sagt für diese Woche Streit und Trennung voraus – deshalb komme ich lieber nicht zu Tante Agnes' Geburtstag.

Ich habe gestern die Krone vom Schneidezahn verloren – so kann ich unmöglich unter die Leute gehen.

Nein, ich kann nicht kommen. Wenn alle da sind, das rührt mich so, dass ich heulen muss, und ich will euch doch den Abend nicht verderben.

Mein Arzt hat mir jede Aufregung verboten – und Opa regt mich auf, so alt und schon wieder Geburtstag.

Ich konnte kein passendes Geschenk für Tante Sophie finden und ich gebe mir nicht die Blöße, mit irgendwelchem Schnickschnack zu kommen. Da bleibe ich lieber zu Hause.

Mein nervöser Magen verbietet mir Kaffee und Kuchen bei Oma.

Einem Urlaub mit entfernten Bekannten aus dem Weg gehen

Ich kann nicht dort hinfahren, ich reagiere extrem empfindlich auf das Klima/das Essen dort.

Nein, nach Hotelurlaub steht mir nicht der Sinn, ich wollte mal wieder als Rucksacktourist durch die Gegend streifen.

Um die Zeit ist ein Kollege in Urlaub, da brauche ich erst gar keinen Urlaubsantrag zu stellen.

Hättest du das eher gesagt!
Jetzt haben wir schon mit
der Nachbarsfamilie einen
gemeinsamen Urlaub
geplant.

Ehrlich gesagt kann ich
mit der Kultur und den
Sehenswürdigkeiten in
diesem Land nichts
anfangen.

Dort will ich nicht hin,
die Menschen in diesem
Land sind mir zu
unfreundlich.

Mein Arzt meinte, ein
Urlaub in den Bergen
sei wegen der
Höhenallergie nicht gut
für mich.

Mit Klaus und Werner
will ich nicht mehr in
Urlaub fahren. Beim
Kampftrinken verliere
ich immer so
jämmerlich. Und mehr
als das gibt's in diesem
Urlaub nicht.

Das Geld für den
Urlaub spare ich lieber,
um später eine höhere
Rente zu haben.

Muss ich leider
absagen, mein Chef hat
für den ganzen
Sommer eine
Urlaubssperre verhängt.

Tut mir leid, aber diese
Stadt ist immer voll von
Menschen und ich leide
doch an Platzangst.

Die hohe Kunst des Kochens – und die Missgeschicke dabei

Hm, heute gibt es nicht
so viel zu essen, ich
musste die Hälfte der
Kartoffeln wegwerfen,
weil sie völlig an-
gebrannt sind. War
leider zu wenig Wasser
im Topf.

Liebling, das Essen ist
leider nichts geworden,
weil Du beim letzten
Einkauf den Pfeffer
vergessen hast, jetzt ist
es halt etwas fad.

Ich habe leider den
Zucker fürs Dessert in
die Soße und dafür das
Salz in die Süßspeise
getan.

Das mit dem knusprigen Hähnchen ist so eine Sache. Außen ist es ja knusprig, aber innen leider noch roh. Irgendwie muss ich beim Staubsaugen an den Temperaturknopf gestoßen sein.

Der Auflauf ist nichts geworden, irgendwie ist der Herd defekt.

Heut war ein Tag. War gerade am Kochen, als der Hund in die Wohnung macht, der Nachbar an der Tür klingelt und die Kinder anfangen zu streiten. Da ist mir halt alles angebrannt.

Das Essen ist noch nicht fertig; der Salat war voller Schnecken und es hat ewig gedauert, bis ich die alle rausgesucht hatte.

Schatzi, die letzten zwei Scheiben Toast sind verkohlt, weil der Schalter falsch eingestellt war. Ich hoffe, du bist nicht so hungrig.

Irgendwas stimmt mit dem Backofen nicht. Erst ist alles hell geblieben und als ich den Herd höher gedreht habe, war in 10 Minuten alles schwarz.

Die Pfannkuchen schmecken eigenartig, ich fürchte fast, die Milch war schon sauer.

Zu trocken und fad? Das kann nicht sein, ich habe mich doch genau an das Rezept gehalten – da muss ein Druckfehler im Kochbuch sein.

Die Bratkartoffeln sehen leider aus wie Chips, nur ein bisschen dunkler. Ich war eine Minute zu lang vom Herd weg.

Das mit der Schlagsahne ist nichts geworden, ich habe sie minutenlang gequirlt, aber sie ist nicht steif geworden. Ob die Sahne schon schlecht war?

Liebling, ich kann Dir leider keinen Kaffee kochen, weil ich versehentlich statt gemahlenem Kaffee die Kaffeebohnen gekauft habe.

Als ich das Fleisch klein schneiden wollte, war es so zäh, dass ich es in Essig eingelegt habe. Morgen gibt es Sauerbraten und heute gehen wir zum Italiener, okay?

Ich fürchte, das Essen ist heute recht scharf, ich habe das Paprika- mit dem Chilipulver verwechselt ...

Tja, das mit den Rindersteaks heute, das wird nix. Der Hund hat das Fleisch vom Tisch geklaut und sofort gefressen.

Das Fleisch ist auf beiden Seiten schön gleichmäßig. Leider nur gleichmäßig schwarz. Ob der Herd zu heiß eingestellt war?

Der Kuchen ist so flach geblieben. Ob ich das Backpulver vergessen habe?

Wer macht sich schon gern an die Hausarbeit?

Noch nicht gestaubsaugt? Wie denn auch, wenn der Strom den ganzen Tag abgeschaltet war?

Liebling, ich kann jetzt nicht aufräumen, weil ich mich für ein Meeting morgen vorbereiten muss.

Die Wäsche machen? Jetzt schon? Im Schrank ist doch noch genug saubere Wäsche.

Ich wollte ja bügeln, aber das Bügeleisen hat einen Kurzschluss.

Ich kann die Wohnung jetzt nicht aufräumen, ich muss schnell zum Einkaufen.

Ich glaube die Waschmaschine ist verkalkt. Die knirscht so komisch. Und Wasser kommt auch nicht mehr rein.

Der Staubsauger hat jedesmal gehustet, vielleicht hat er eine Stauballergie.

Von dem Reinigungsmittel bekomme ich so schnell einen Hautausschlag.

Schau mal in mein Horoskop: Venus ist heute im 5. Haus und Saturn im 7. Haus, wie soll ich da die Wohnung aufräumen?

Ich habe so Kopfweh, den Krach von dem Staubsauger könnte ich jetzt wirklich nicht ertragen.

Das Spülmittel ist schlecht. Es hat nicht mehr richtig geschäumt, da hab' ich es fortgeschüttet.

Spülen kann ich nicht, ich habe mir den Finger gestern halb abgeschnitten.

Wieso aufräumen? Ich finde, es sieht alles sehr ordentlich aus.

Ich putze nie, weil sonst meine Staubmilben- zucht gefährdet wäre.

Ausreden für Bekannte, Nachbarschaft und Vereinsleben

Lärmschutz-Verordnung & Co.: Ausreden für die Nachbarschaft

Ist leider heute Nacht etwas laut geworden. Wir hatten ein Ehepaar zu Besuch und die haben plötzlich Streit gekriegt, mit Teller werfen und so. Unsere Wohnung sieht aus ...

Haben Sie die Musik gestern Abend gehört? Den Künstler hatten wir im letzten Urlaub auf dem Hinflug kennengelernt. Echt klasse, dieser Sound, nicht wahr?

Der Lautstärkeregler der Stereoanlage ist kaputt. Der dreht sich immer von alleine auf.

Der Krach heute Nacht? Ach so, in der Vitrine ist ein Regal runtergebrochen und alles zu Bruch gegangen.

Wie der Hausflur aussieht? Ach so, das liegt an dem Hund. Normalerweise sabbert

der überhaupt nicht, aber wegen seinen Magenproblemen hat ihm der Tierarzt ein Mittel gegeben, das leider die Speichel-produktion erhöht.

Das war doch gar nicht unser Hund, der die ganze Nacht gebellt hat.

War's arg laut heut Nacht? Ein Freund meines Mannes ist bei seiner Frau hochkant rausgeflogen, hat bei uns um Nachtquartier gebeten und dann leider angefangen ganz laut auf die Welt im allgemeinen und die Frauen im besonderen zu schimpfen. Wir konnten ihn gar nicht mehr beruhigen. Naja, Gott sei Dank ist er jetzt wieder zu Hause.

Der Hamster ist aus dem Käfig entwischt und wir mussten alle Möbel herumschieben, bis wir den Ausreißer wieder eingefangen hatten.

Entschuldigen Sie, dass die Waschmaschine heute Nacht noch gelaufen ist, aber ich hatte eine halbe Flasche Rotwein auf die Tischdecke geschüttet, und meine Mutter sagte immer, Rotwein darf nicht eintrocknen, den muss man sofort rauswaschen.

Ich kann die nächsten Wochen im Treppenhaus nicht putzen, weil sich im Rücken ein Nerv geklemmt hat.

Heute Nacht war was los! Mir fällt ein offenes Paket Waschmittel auf den Teppich, meine Frau stürzt mit ihrem Glas Rotwein aus der Küche – sie können sich nicht vorstellen, wie es da ausgesehen hat. Wir haben stundenlang staubsaugen und schrubben müssen, bis es einigermaßen ging.

Tut mir leid, dass ich um Mitternacht noch geduscht habe, aber als ich den oberen Küchenschrank aufgemacht habe, ist mir die Tüte Mehl auf den Kopf gefallen.

So spät noch Staubsaugen? Nun ja, der Staubsaugerbeutel war voll und um noch schnell den Flur durchzusaugen, habe ich eine Plastiktüte festgeklebt. Tja, und dann fetzt es die Plastiktüte auseinander und den Dreck durch die Wohnung. Meine Frau war so sauer, dass ich die ganze Nacht lang den ganzen Staub aus allen Ritzen und Winkeln bringen musste, sonst hätte sie sich scheiden lassen.

Unkaputtbar gibt's nicht: jetzt brauchen Sie eine Ausrede

Tja, das Kabel vom Rasenmäher ist leider hin, der Rasen war so hoch, dass ich es nicht gesehen habe und drübergefahren bin.

Hm, ja, dein sündhaft teures Abendkleid. Bin leider damit in ein Rosenbeet gefallen. Wie teuer war es nochmal?

Das Fenster war zu sauber, ich habe gedacht, es steht offen.

Mein Mann wollte leider im Wohnzimmer den Abschlag für Golf üben und leider hat er mit dem Schläger dabei das TV-Gerät/anderen Wertgegenstand von Ihnen getroffen.

Mit dem Gerät bin ich leider in einen Regenguss gekommen – jetzt geht es nicht mehr, ist wohl ein Wasserschaden …

Ich wollte mit der Fliegenklatsche eine lästige Fliege jagen, habe aber leider diese wertvolle Porzellanfigur umgehauen.

Bin mit dem Schlauch vom Staubsauger leider an der Vase hängengeblieben.

Am Grill fehlt jetzt leider ein Bein, denn der Hund wollte das Fleisch klauen und hat dabei den ganzen Grill umgeschmissen. Das eine Bein war so verbogen, dass es überhaupt nicht mehr zu verwenden war.

Ich hatte das leider auf dem Autodach abgestellt, während der Fahrt fiel es runter und wurde von einem 20-Tonner platt gemacht.

Training fürs Gehirn: schwach im Sport, stark in der Ausrede

Mein Gegner hat ständig gefoult, und der Schiedsrichter hat es immer absichtlich übersehen.

Ich habe mir alle Lehrfilme im Internet besorgt, aber noch keine Zeit gehabt, die alle anzuschauen.

Ich habe vergessen, die Spikes zu schleifen. *(z.B. Fußball und Leichtathletik)*

Mein Gegner hat mich immer abgedrängt.

Bei mir legen sie die Latte immer knapper auf als bei den anderen. *(Hochsprung)*

Die negativen Schwingungen der Zuschauer haben mich gelähmt.

Ich hätte das Hindernis ja locker gepackt, aber das Pferd konnte nicht so hoch springen.

Mein Gegner hat mich so beschimpft, dass ich einfach unsicher wurde.

Habe gerade erst eine schlimme Erkältung überstanden und bin noch nicht richtig fit.

Ich stand doch völlig frei und hätte die besten Torchancen gehabt, aber unser Linksaußen ist zu blind, um sowas zu sehen. *(Fußball)*

Ich war nur deshalb so langsam, weil ich die falschen Spikes angeschraubt hatte. *(Fußball/Leichtathletik)*

Die Griffschale/die Saiten meines Schlägers saß(en) nicht straff genug.

Ich hatte mehr Gegenwind als die Fahrer, die vor mir gestartet sind.

Irgendwas ist mit dem Luftdruck heute, ich habe richtig Kreislaufprobleme.

Ich brauche neue Schuhe, die hier haben so auf die Zehen gedrückt, dass ich kaum rennen konnte.

Seitdem mir der Arzt das neue Magenmittel verschrieben hat, ist meine Kondition den Bach runter gegangen.

Ausgerechnet als ich in die Zielgerade kam, flaute der Wind ab. *(Segeln/Windsurfen)*

Die terrestrische Gravitation ist heute nicht stark genug.

Dieser lahmarschige Schiedsrichter konnte nicht schnell genug mitlaufen und hat deshalb von dem Foul überhaupt nichts mitgekriegt.

Die Sonne hat mich so geblendet. *(Tennis etc.)*

Ich konnte mich nicht richtig konzentrieren, weil mir ein Todesfall im entfernten Familienkreis doch recht nah ging.

Ich war noch so ausgepowert vom Marathon gestern.

Der Trainer hat gesagt, wir sollen uns an den Gegnern festbeißen und als ich das tun wollte, haben mich die eigenen Leute zurückgehalten. Nur deshalb haben wir verloren.

Das ist doch ein klassisches Beispiel für die Chaostheorie: irgendwo flattert ein Schmetterling mit den Flügeln und hier wirbelt der Luftzug den Ball in die falsche Richtung.

Was Geliehenes vergessen zurückzugeben? Hier ist die Erklärung

Meine Schwester fand die DVD so toll, dass sie mir das Ding entführt hat. Ich werde sie gleich morgen anrufen.

Die Bohrmaschine brauche ich noch, weil die Wand zwar wie ein Schweizer Käse aussieht, aber die Regalhaken immer noch nicht zu den Löchern passen.

Die ausgeliehene Flasche Milch zurückgeben? Aber die war schon schlecht, deshalb habe ich sie ausgeschüttet.

Nun ja, mit dem Staubsauger habe ich wirklich gründlich gesaugt, jetzt ist aber der Beutel voll, und so möchte ich ihn nicht zurückgeben, ich werde dir erst eine neue Packung Beutel besorgen.

Klar, habe ich das Buch noch, aber momentan habe ich so viel um die Ohren, dass ich noch ganz am Anfang bin.

Wir brauchen das Buch noch als Stütze für den wackelnden Tisch im Keller.

Ach so, die Turnschuhe? Tja, als meine Schwester mit ihrem Hund zu Besuch kam, hat der sie leider völlig zerfetzt. Muss am Geruch gelegen haben.

Kann ich Deinen Hometrainer noch 'ne Weile behalten? Momentan habe ich so'n Frust mit dem Chef, dass ich esse wie blöd. Ohne das Ding gehe ich auseinander wie eine Dampfnudel.

Ich konnte Deine CD noch nicht überspielen, mein Laufwerk spinnt.

Deine Hustentropfen haben wirklich gut geholfen, mein Husten ist ganz weg. Die Flasche ist jetzt leider auch leer.

Dein Abendkleid hat wirklich für Aufsehen gesorgt. Leider hat so ein Idiot seinen Wein drübergeschüttet. Deshalb ist es jetzt in der Reinigung.

Das Buch mit den Diät-Rezepten ist klasse. Habe mit dem einen Rezept schon 2 Kilo verloren. Kann ich die restlichen Rezepte auch noch ausprobieren?

Leider bin ich mit deinem Fahrrad etwas schnell den Berg runter. Für den Achter mache ich eine neue Felge rein und dann kriegste es sofort zurück.

Dein Italienisch-Wörterbuch war wirklich praktisch im Urlaub. Hab's leider im Hotel vergessen.

Der Nachbarshund hat leider drangepinkelt, es ist grad in der chemischen Reinigung.

Nochmals vielen Dank, dass du mir das Kleid geliehen hast. Sobald der Schneider den neuen Reißverschluss drin hat, kriegst du es zurück.

Ich konnte das geliehene Geld noch nicht zurückzahlen, weil ich mein Gehalt noch nicht bekommen habe.

Das Adventure-Spiel auf der DVD ist wirklich stark. Leider steckt die DVD nun im Laufwerk fest und geht nicht raus. Ich fürchte, ich muss ich erst das Laufwerk ausbauen.

Das ausgeliehene Buch kann ich erst nächste Woche zurückgeben, weil ich es wegen meiner Bindehautentzündung noch nicht lesen konnte.

Ausreden für Schule und Studium

Erträgliche Ausreden für unerträgliche Hausaufgaben

Ich konnte mich nicht auf die Hausaufgaben konzentrieren, weil sie im Fernsehen wieder so gewalttätige Cartoons gezeigt haben.

Meine Mutter hat versucht, mit dem Heft den Wasserrohrbruch abzudichten.

Mein Hamster ist gestern an einer üblen Krankheit gestorben und ich musste auf dem Veterinäramt so viele Papiere ausfüllen, dass ich abends nicht mehr schreiben konnte.

Hausaufgaben? Wir haben doch gar kein Haus!

Ich habe die Hausaufgaben ja gemacht, aber heute morgen im Schulbus liegenlassen.

Mein Bildschirm stand plötzlich in Flammen.

Meine Schwester ist krank. Die macht mir doch immer die Hausaufgaben.

Mein Bruder hat mir versprochen bei den Hausaufgaben zu helfen, aber dann ist er gestern Abend nicht mehr heimgekommen.

Meine Mutter hat die Hausaufgaben zerrissen, weil sie sagt, ich hätte zu viele Rechtschreibfehler. Naja, sie kennt halt nur die alte Rechtschreibung.

Ich habe die Hausaufgaben bestimmt gemacht, aber scheinbar in die falsche Tasche gepackt.

Hausaufgaben? Das sollte doch heute der Unterrichtsstoff sein, oder?

Meine Textverarbeitung hat ein Auto-Text-Modul – das muss sich verselbständigt haben ...

Meine Mutter hat die Tastatur abgesaugt. Jetzt fehlen zu viele Buchstaben.

72

Mein Bruder hatte mein Hausaufgabenheft im Aquarium versenkt und ich habe drei Stunden gebraucht, um alle Seiten trocken zu fönen. *(Natürlich wirkt die Ausrede besser, wenn man ein verwässertes und trockengeföntes Heft vorzeigen kann.)*

Ich glaube, da habe ich was falsch verstanden. Ich dachte, das sei für morgen.

Wir mussten gestern auf die Beerdigung von meiner Großtante und kamen erst spät zurück.

Mir ist das schwere Wörterbuch auf die Hand gefallen und mit gequetschten Fingern konnte ich nichts mehr nachschlagen.

Ich habe stundenlang versucht, meinem Vater die Aufgabenstellung zu erklären. Am Schluss blieb keine Zeit mehr, die Aufgaben zu machen.

Mein Hund hat die Mauskugel verschluckt und ich warte noch darauf, dass sie wieder rauskommt.

Meine Oma wurde 100. Und niemand hatte Zeit, mir die Hausaufgaben zu machen.

Meine kleine Schwester wollte mir wohl heimzahlen, dass ich ihr Kaninchen rosa eingefärbt hab' ...

Die Tinte in meinem einzigen Kugelschreiber war leer.

Damit kapieren Eltern und Lehrer, warum die Note so schlecht ist

Ich versteh' das nicht, in der letzten Arbeit hatte ich doch eine Eins.

Natürlich habe ich gelernt, habe aber nur 90 Prozent vom Stoff geschafft, und der Test ging über genau diese fehlenden 10 Prozent.

Ich hatte vergessen, meinen Namen auf die Arbeit zu schreiben und der Typ nebenan, der viel schlechter ist als ich, hat meinen Namen auf seine Arbeit geschrieben. Jetzt sagt er, die Arbeit mit der Note 2 wäre seine Arbeit, weil auf der Arbeit mit der 5 ja mein Name steht.

Diesen Schrott bringen uns die Lehrer bei – und hinterher sagen sie, es sei gar nicht so und verteilen schlechte Noten.

Ich stand unter Schock wegen der Film-Dokumentation am Abend vorher über die Zukunft der Menschheit angesichts des ganzen Plastikmülls und der Weichmacher in den Lebensmittelverpackungen. Die Menschheit hat so große Probleme, die allesamt hausgemacht sind – diese Dimension ließ mich erschauern

und jeglichen Gedanken an diese Klassenarbeit ganz vergessen.

Während der Mathe-Arbeit war es im Raum so trüb, dass mein Solar-Taschenrechner nicht funktionierte.

Ich bin zu dumm dazu. Was mich zu der Frage bringt, ob Intelligenz nun durch Umwelteinflüsse oder durch die Gene bedingt wird?

Ich konnte die Wörter nicht lernen, weil ich heiser war. Und ich behalte neue Wörter nur durch lautes Vorsagen.

Hm, also wenn das falsch war, dann hat aber der Wikipedia-Autor ganz falsche Angaben gemacht.

Ich bin im Schulbus so gemobbt worden, dass ich noch später während der Klassenarbeit ganz zittrig und abgelenkt war.

Ich hatte für diesen Tag gelernt – aber blöderweise für das falsche Fach.

Zuerst ist mir nichts eingefallen und dann habe ich nicht mehr weitergewusst.

Gelernt hatte ich ja, aber während der Prüfung stand ich noch unter dem Schock von der Rückgabe der Mathe-Arbeit in der Stunde vorher.

Das war nicht mein Fehler. Hab' den Mist von meinem Tischnachbarn abgeschrieben.

Ich war so aufgeregt, dass ich Baldrian-Tabletten genommen hatte. Und mit denen habe ich mich an nichts mehr erinnert.

Ich konnte überhaupt nicht lernen, denn am Tag vorher ist mir das Heft mit den ganzen Notizen geklaut worden.

Die schriftliche Arbeit liegt noch nicht vor

Da die Tastatur nicht funktionierte, wollte ich die Hausaufgaben mit der Hand schreiben. Aber stellen Sie sich vor, im Computer-Laden sagte man mir, Schreibzeug sei out, sie verkaufen überhaupt keins.

Der Kanarienvogel hat die Notizen zerpflückt und daraus ein Nest gebaut.

Mein kleiner Bruder hat die handgeschriebene fertige Arbeit mit seinen Schokoladefingern völlig unleserlich gemacht.

Ich habe eigentlich schon das letzte Kapitel geschrieben, aber dann ein interessantes Dokument aus dem 18. Jahrhundert gefunden. Das möchte ich erst noch auswerten, um es vielleicht noch einarbeiten zu können.

Der Drucker hat das Papier zerrissen und ich hatte das Dokument nicht abgespeichert.

Hmm, ich dachte, so lange der kopierte Anteil unter 10 Prozent liegt, ist es im Rahmen des Üblichen.

Auf einmal waren alle Seiten weg. Ich vermute, der Hund hat die Arbeit gefressen, er hat nämlich seit zwei Tagen Verstopfung.

Ich habe das einzige Exemplar an die Wissenschaftsredaktion eines Magazins zum Abdruck geschickt und noch nicht zurückbekommen.

Das verstehe ich nicht. Samstagabend habe ich die Arbeit hier in den Briefkasten geworfen.

Der Stick ist beim Einkaufen auf dieses magnetische Teil an der Kasse geraten. Jetzt sind alle Daten kaputt und ich muss von vorne anfangen.

Gestern war Altpapier-Abholung und meine Mutter hat alle Unterlagen gemüllt.

Mein Opa ist gestorben und meine Mutter heult seit Tagen rum. Völlig unmöglich, sich bei diesem Lärm auf irgendetwas zu konzentrieren.

Ich habe die Arbeit im Auto auf dem Weg zur Schule nochmal durchgelesen, und als mein Vater das Fenster aufmacht, fliegen die Blätter zum Fenster raus. Wir haben sofort angehalten, aber nur noch wenige Blätter einsammeln können, der Rest war vom Winde verweht.

Schon seit Tagen durchsuche ich die Taschen von Hosen und Jacken, aber der Speicher-Stick ist einfach weg!

Meine Freundin ist mit dem Abtippen noch nicht fertig.

Auf dem Weg zur Schule ist mir die ganze Tasche geklaut worden. Seitdem wir zu Hause diesen Aktenvernichter haben, ist vor meinem Bruder nichts mehr sicher.

Schon seit Tagen geht alles schief, jetzt habe ich gestern meine Astrologin befragt und die meinte, bei dieser Mars-Konstellation brauche ich mich nicht zu wundern, so lange diese Konstellation vorherrscht, wird das nix.

Ich konnte meine Hausaufgaben gestern nicht machen, weil es draußen dunkel wurde und ich nichts mehr sehen konnte.

Irgendetwas ist an mmder Tastatuuur fasch, alle Buchstäbblkn sdjnol werlknnnq wüweo!

Referate halten ist vermeidbar

Wie soll ich als unfreier Mensch, der hier unter dem Zwang steht eine Rede zu halten, wie soll ich unter solchen Umständen in einem Referat frei zu diesem Thema sprechen???

Ich bin in therapeutischer Behandlung wegen Redeangst, jetzt ein Referat zu halten, würde den Behandlungserfolg gefährden.

Ich habe Geld für die Schulbücher gebraucht und deshalb mein Referat mit allen Lizenzrechten an jemand in der Parallelklasse verkauft.

Der Logopäde hat festgestellt, dass ich Knötchen auf den Stimmbändern habe. Die nächsten vier Wochen darf ich nicht laut sprechen.

Weder auf Wikipedia noch auf einer anderen Schüler-Website gab es Infos zu diesem Thema. Wir waren am Wochenende zu Besuch bei der Tante und dort habe ich alle Unterlagen liegen lassen. Die Tante schickt mir die Sachen per Post, aber das Paket ist noch unterwegs ...

Im Esszimmer steht dieser kostbare antike Schrank mit den wertvollen Kristallgläsern drin. Nun ist der Fuß abgebrochen und meine Eltern haben den Stapel Papier mit dem Konzept zum Abstützen genommen. Glauben Sie, ich ziehe das dort raus auf die Gefahr hin, dass alles umstürzt?

Ich hatte gestern die Referatsunterlagen auf der Heizung abgelegt, und irgendein Idiot hat eine Tafel Schokolade daraufgelegt. Jetzt schauen Sie sich mal die Sauerei an! Da kann man doch nichts mehr

lesen. *(Klar, dass das Papier entsprechend präpariert vorgezeigt werden sollte. Im Sommer funktioniert das mit der Heizung nicht, dann war es halt die Fensterbank, auf die die Sonne schien.)*

Das Referat halten? Heute? Das stand doch für nächste Woche auf dem Programm?!

Ich bin so vergesslich und kann mir noch nicht einmal das Thema des Referates merken. Und wer sind Sie eigentlich?

Ich habe Ärger mit meinem Vater und jetzt darf ich nicht mehr an den Computer. Ich habe ihm gesagt, dass ich das Referat brauche, aber er hält das für eine Ausrede, um seine Anweisung zu hintergehen.

Wieso über das Thema XXX reden? Mir wurde gesagt, ich solle über YYY referieren.

Es gab einen Notfall in der Familie, mein Opa musste mit einem Asthma-Anfall schnell ins Krankenhaus gebracht werden, es stand echt auf der Kippe und der Stress war dann einfach zu viel für mich.

(Mit krächzender Stimme:) Ich bin viel zu heiser, kann nicht reden.

Mir fehlte noch ein wichtiges Fachbuch aus der Bücherei, aber als ich gestern dort ankam, war schon zu. Und ich kann kein Referat halten, wenn ich nicht hundertprozentig vorbereitet bin.

Ich habe leider statt des Redekonzeptes ein Kochrezept meiner Mutter eingepackt.

Lieber keine Note als eine 6

Ich bin gestern Abend beim Sport auf das rechte Handgelenk gefallen, und mit links kann ich nicht schreiben.

Wenn ich jetzt mitschreibe und eine 6 kriege, wird mich mein Erbonkel aus dem Testament streichen. Wollen Sie das verantworten?

Ich schreibe nicht mit, oder wollen Sie die Verantwortung dafür tragen, dass ich nicht zum Medizinstudium zugelassen werde, und die Menschheit deshalb dank meines neuen Therapieansatzes niemals den Kampf gegen Krebs gewinnt?

Ich kann die Arbeit nicht schreiben, ich habe gerade erst lesen gelernt.

Ich habe nächste Woche einen Bluttest und wollte dafür lernen, weil ich das wichtig finde. Jetzt habe ich die letzten zwei Tage in der Bücherei nach Literatur gesucht und nichts Passendes gefunden.

Ich habe einen wichtigen Teil des Unterrichts versäumt, und mir daher eine Mitschrift geben lassen, jedoch ist die völlig unbrauchbar zum Lernen gewesen.

Ich kann nicht mitschreiben. Mein Glücksstift ist weg.

Ich habe nicht mitgeschrieben, weil diese Prüfung mit meinem Karriereziel als Fotomodell überhaupt nichts zu tun hat. *(Kann natürlich auch ein Sänger, Schauspieler oder Starfotograf sein.)*

So wie der Schreibtisch zum Fenster steht, muss nach der Feng-Shui-Lehre eine schlechte Note rauskommen. Das ist unfair, so kann ich nicht teilnehmen.

Ich habe entdeckt, dass ich als Säugling vertauscht worden bin. Jetzt werde ich nicht zum Examen kommen, weil ich ja gar nicht ich bin, und dann ein anderer meine gute Note bekäme.

Verschlafen oder unkonzentriert? Hier ist die Erklärung:

Ich gehe nachts arbeiten, um mir die vielen Lehrbücher leisten zu können.

Seitdem ich beim Skaten an die Mauer geprallt bin, ist mir so komisch im Kopf.

Ich habe aus Versehen statt der Vitaminpillen die Schlaftabletten heute Morgen genommen.

Ich war beim Zahnarzt und der hat die Betäubungs-Spritze zu hoch dosiert.

Ich glaube, das liegt an den Hustentropfen. Irgendwas vertrage ich da nicht.

Vorhin im Chemie-Unterricht ist mir beim Versuch so komisch geworden. Und seitdem komme ich überhaupt nicht mehr zu mir. Ob das eine allergische Reaktion meiner Biochemie ist?

Mein großer Bruder hat mir gestern Abend so eine gefeuert, dass mir heute noch ganz schummrig ist.

Bei der letzten Blutuntersuchung wurde ein Eisenmangel entdeckt. Deshalb bekommt mein Kopf nicht genug Sauerstoff und ich bin immer so müde.

Seitdem meine Hamster gestorben ist, kann ich vor lauter Trauer an nichts anderes mehr denken.

Ich konnte die Arbeit nicht mitschreiben, weil ich meinen Spickzettel verloren habe.

Ich habe die ganze Nacht für die Klausur in der nächsten Stunde gelernt.

Die Leute in der Nachbarwohnung haben sie sich die ganze Nacht so gezofft, dass ich überhaupt nicht schlafen konnte.

Gehirnjogging gegen Schulsport

Ich habe zu viel Bohnen gegessen, wenn ich jetzt rennen muss, kriegen die anderen in der Turnhalle keine Luft mehr.

Meine Mutter hat die Sporthose gestern nicht mehr genäht und mit dem riesigen Riss im Schritt kann ich die so nicht anziehen.

Ich habe einen Termin beim Hautarzt für einen großen Allergietest und darf jetzt nicht ins Schwitzen geraten, weil sonst das Ergebnis verfälscht wird.

Ich habe vergessen, die Zehnägel zu schneiden, und jetzt komme ich nicht mehr in die Turnschuhe rein.

Weil ich von meinen Eltern nicht mehr Taschengeld bekomme, bin ich in einen unbefristeten Streik getreten. Ich würde ja gern mitmachen, aber dafür müssen Sie dann mit meinen Eltern verhandeln.

Ich kann nicht mitmachen, denn wenn ich ins Schwitzen komme, wird das meine Frisur ruinieren, und was meinen Sie, was meine Mutter sagt, wenn sie so viel Geld für eine sinnlos ruinierte Frisur bezahlt hat?

Bin eben auf der Treppe übel umgeknackst – mit dieser Zerrung kann ich unmöglich mitmachen.

Mein Gleichgewichtssinn ist nicht in Ordnung. Sobald ich etwas schneller laufe, mich drehe oder hüpfe, wird mir gleich total schwindelig, so kann ich beim Sport nicht mitmachen.

Auch wenn es wie eine blöde Ausrede klingt: aber ich habe meine Turnschuhe in der Eile heute morgen zu Hause vergessen.

Ich habe noch Muskelkater von heute Nacht. *(Auf die Nachfrage, was denn los war, könnte die Antwort lauten: für den Iron-Man trainiert, beim Tanzen verausgabt oder beim Gläserheben verhoben.)*

(Für den Schwimmunterricht): Ich protestiere gegen die sinnlose Tötung zahlreicher Kleinstlebewesen durch gechlortes Wasser. Mein Fußpilz ist noch nicht ganz ausgeheilt, und ich möchte die anderen im Schwimmbad nicht infizieren. Beim Dehnen und Strecken habe ich mir eben was an der Halswirbelsäule verrenkt, jetzt kann ich den Kopf nicht mehr bewegen.

(Für den Schwimmunterricht): Ich habe gestern eine Rückführung in ein früheres Leben gehabt. Dabei kam raus, dass ich mit der Titanic untergegangen bin. Sie werden verstehen, dass ich heute nicht in der Lage bin, schon wieder ins Wasser zu gehen.

Meine Mutter hat
gestern alle
Sportklamotten
gewaschen, aber nicht
in den Trockner getan.
Heute morgen war alles
noch nass.

Mein Arzt hat wegen
des Fußpilzes verboten,
ins Schwitzen zu
kommen.

Mir ist schlecht. Richtig
schlecht.

Ausreden für Chefs & Kollegen

Ihre dringlichste Aufgabe haben Sie noch nicht erledigt

Um elf war das fällig? Hmm, der Akku von meiner Uhr scheint schwach zu sein, eben war es noch halb zehn.

Die Aufgabe ist in dieser kurzen Zeit nicht zu schaffen.

Bitte sprechen Sie mich jetzt nicht an. Ich bin gerade dabei, eine Lösung für unser Kommunikationsproblem zu finden.

Ich hatte vergessen, das auf den Zettel mit den dringenden Erledigungen zu schreiben.

Ich habe gerade die Aufgabenstellung nochmals überdacht, um in kürzerer Zeit zu einer Lösung zu kommen.

Ich bin gehirnblond, ich hab' mir das nicht merken können.

Ich bin so vergesslich in letzter Zeit ... Was mache ich hier eigentlich? Und wer sind Sie überhaupt?

Ich mache eine Tiefenhypnose zur Selbstfindung. Und wer sich selbst findet, findet auch alles andere, beispielsweise die Lösung zu dringenden Problemen.

Ich musste zuerst im Qualitätssicherungs-Handbuch nachschauen, was zu tun ist, um diese Aufgabe ISO-normgerecht durchzuführen.

Wo ist nur dieses QM-Handbuch mit den Vorschriften?

Tut mir leid, das habe ich heute morgen nicht gehört. Mein Tinnitus pfeift heute wieder so laut. *(Bei Tinnitus haben Sie laute, störende Geräusche im Ohr. Leider ständig. Sie sollten sich daher gut überlegen, ob Sie diese Ausrede wirklich nehmen.)*

Jemand muss meinen Kalender mitgenommen haben.

Bei den vielen Reklamationen habe ich dafür keine Zeit mehr.

Frühlingserwachen rings um mich her – und ich soll mich da auf die schnöde Buchführung konzentrieren können?

Mir fehlt noch die Genehmigung der Geschäftsleitung.

Ich kann diese Verfahrensweise nicht im QM-Handbuch finden.

Das wurde doch noch nie so schnell gemacht.

Die Bedienungsanleitung ist verschwunden. Wie soll ich da richtig arbeiten?

Seit fünf Stunden und vierundzwanzig Minuten hänge ich in der Telefon-Hotline der Software-Firma fest ...

Das Backup der Daten ist nicht mehr aufzutreiben.
Sie wissen ja: Gut Ding will Weile haben.

Die Frau Maier will sich doch immer so profilieren. Jetzt lassen Sie die doch mal ran.

Ich weiß nicht, was Sie wollen. Ich habe dieses Wort im Duden nicht gefunden. Können Sie es bitte nochmal in duden-gerechten Worten erklären?

Entschuldigung, mein neuronales Netz weist gerade Routing-Probleme auf.

Sie sind völlig verschlafen oder unkonzentriert

Ich habe nicht geschlafen, sondern über dem Problem meditiert. Noch fünf Minuten und ich habe die Lösung.

Ich reagiere auf den Drucker-Toner allergisch, mein Blut transportiert nicht mehr ausreichend Sauerstoff.

Haben Sie noch nicht bemerkt, dass die Kaffeemaschine kaputt ist?

Seit einigen Tagen bin ich nachts am Schlaf-wandeln und tagsüber fehlt mir dann halt die Energie.

Das ist der Elektro-Smog, kein Wunder bei den ganzen Geräten hier.

Das ist Power-Napping, das Erfolgsgeheimnis der echten Top-Manager. Kannten Sie das noch nicht?

Ich bin im letzten Urlaub von einer Tsetse-Fliege gestochen worden. *(Die Tsetse-Fliege ist der Überträger der sogenannten Schlafkrankheit, um von ihr gestochen zu werden, müssen Sie aber in Afrika gewesen sein.)*

Ich schlafe gar nicht am Schreibtisch, meine Halswirbelsäule ist so kaputt, dass mein Physiotherapeut empfohlen hat, ich solle mehrmals am Tag den Kopf auf die Tischplatte legen.

Das ist der Ausgleich für die sechs Stunden heute Nacht, die ich mit strategischen Planungen zugebracht habe.

Das muss das Ozon sein, das aus den Bürogeräten ausdünstet.

Haben Sie schon einmal Viagra genommen? Nein? Sehen Sie, dann verstehen Sie das auch nicht.

Jemand muss mir Schlafmittel in den Kaffee getan haben. Das ist ja wie Sabotage.

Seitdem die den Funkmast in der Nachbarschaft hingestellt haben, ist mir immer so schwindlig.

Ist ja auch kein Wunder, die Einrichtung des Büros widerspricht allen Feng-Shui-Regeln.

Mein Biorhythmus läuft verfrüht, Sie hätten mich heute morgen um 6 Uhr erleben sollen, da war ich voller Tatendrang.

Das ist doch nur der hochkonzentrierte 15-Minuten-Power-Break, der uns auf dem letzten Management-Seminar beigebracht worden ist.

Ist es möglich, dass hier in den letzten Tagen entcoffeinierter Kaffee gekocht wird?

Mein Kopf lag auf der Tischplatte, weil mir eine Kontaktlinse rausgefallen ist. Ich dachte, je näher ich am Schreibtisch bin, desto eher sehe ich sie.

Das ist eine hochwirksame Yoga-Übung um Arbeitsstress abzubauen. Funktioniert gut, Sie sollten das auch mal ausprobieren. Die Nylonstrümpfe sind heute statisch aufgeladen und stören die elektrische Reizübertragung im Gehirn.

Meine Güte, das Grippemittel hat ja unheimliche Nebenwirkungen...

Sie haben etwas nicht geliefert

Ich warte immer noch auf die Freigabe von Ihnen, das habe ich Ihnen doch schon gesagt.

Tut mir leid, aber die Prothese meiner linken Hirnhälfte ist gerade bei der jährlichen Überprüfung.

Scheinbar fängt bei mir jetzt Alzheimer an, naja, bei meinen Großeltern und Eltern ging das noch viel früher los.

Ich habe das schon übers Intranet losgeschickt, wenn es noch nicht angekommen ist, muss es irgendwo steckengeblieben sein.

Ich habe Angst vor den vielen Entlassungen, und diese Angst lähmt mich total. Ich muss wirklich mal zum Psychotherapeuten, so kann das nicht weitergehen.

Das ist schon wieder mein Burn-out.

Mein früherer Chef hat so was nie von mir verlangt.

Den Auftrag habe ich nie erhalten.

Ich wollte gerade anfangen, da gab es einen Probealarm. Sie haben nichts gehört??? Dann muss ich mal zum Ohrenarzt. Vielleicht habe ich ja Tinnitus.

Ich hatte es doch veranlasst, Frau XXX wollte es für mich übernehmen.

Davon war beim Vorstellungsgespräch keine Rede.

Ich hatte so viel zu tun, ich bin nicht dazu gekommen. Vielleicht sollte doch noch eine Planstelle geschaffen werden.

Das habe ich doch erst letzte Woche gemacht, ist das schon wieder fällig?

Nutzen Sie die Tücken der Technik

Seitdem die neue Festplatte drin ist, gibt es ständig irgendwelche Routingprobleme.

Der Kopierer ist heute so langsam, ich glaube, er braucht mal wieder den Wartungsdienst.

Außer allgemeinen Schutzverletzungen macht der Computer heute gar nichts.

Seitdem das mit der globalen Erwärmung immer schlimmer wird, geht dieser Computer immer langsamer.

Der Drucker spinnt: das Endlospapier, das er gerade verdruckt, können Sie nur noch als Toilettenpapier verwenden.

Die Putzfrau muss beim Reinigen ein Kabel gelockert haben, bei diesem Kabelsalat habe ich nur noch nicht herausgefunden welches.

Irgendeiner der Kollegen beschäftigt den Server damit, die höchste Wahrscheinlichkeit für die nächsten Lottozahlen auszurechnen.

Die Mutterplatine ist jetzt auch schon etwas älter und macht die Mittagspause immer länger.

Mit dem Gerät kam eine Bedienungsanleitung, die völlig unverständlich ist. Ich bin nicht in den Ordner reingekommen, kann es sein, dass der Server gerade unten ist?

Im Kopierer war ein Papierstau, beim Rausholen ist das Papier zerrissen und es hat ewig gedauert, die kleinen Schnipsel rauszufischen.

Ich weiß auch nicht, was das ist, der Kollege aus der EDV hat was in seinen Bart gemurmelt, klang wie Doppler-Effekt.

Was??? Meine Mail hatte im Betreff „Du blöder Riesentrottel"? Da muss ein Virus das Mailprogramm infiziert haben...

Ich glaube, mein PC mobbt mich. Hinter dem Nicht-Funktionieren-Wollen kann nur Absicht stecken.

Auf dem Monitor erscheint immer wieder: „Werfen Sie eine Münze ein", aber ich weiß nicht wo.

Tja, ich habe leider das Passwort vergessen und komme jetzt nicht an die Unterlagen dran.

Seitdem die Kiste getunt ist, kriege ich die Excel-Kurven nicht mehr so schnell hin. Ob da ein Spoiler fehlt?

Der Monitor ist in letzter Zeit so komisch. Ob der ein paar neue Pixel braucht?

Mit der Maus stimmt was nicht, ich kann nichts mehr anklicken, sondern haue immer daneben.

Irgendjemand hat an meiner Bildschirmdarstellung rumgefummelt und jetzt erkenne ich nichts wieder.

Das funktioniert nicht und ich wollte auch schon bei den Entwicklern von Windows anrufen, aber glauben Sie, dass ich dort in Seattle mal durchgestellt werde? Schlechter Kunden-service eben.

Sie spielen am Computer oder surfen privat im Internet

Was Sie da eben gesehen haben, ist ein neuer, energiesparender Bildschirmschoner.

Sie glauben doch nicht, dass ich spiele? Das ist ein Training, um die rechte und die linke Gehirnhälfte besser koordinieren zu können. Danach arbeitet man viel produktiver.

Ich suche gerade nach einem neuen Bericht über Benchmarking in Japan. Keine Ahnung, wie ich dorthin gekommen bin.

Mit diesem Spiel trainieren die Profis Konzentration, Lösungsfindung und Durchsetzungsvermögen.

Ich informiere mich gerade über virales Marketing 5.0, das ist der Trend der Zukunft.

Ich glaube fast, ich habe einen Virus auf der Festplatte. Soll ich der IT-Abteilung mal Bescheid sagen?

Ich informiere mich über die neuesten Trends auf dem Markt.

Ja, die Webseiten der Konkurrenz sind viel bunter und blinken viel auffälliger. Wir sollten unsere Marketingstrategie nochmals überdenken.

Nein, ich mache das nicht privat, stattdessen geht es hier darum, sich den Lebensstil der Zielgruppe der unter 30-jährigen einzufühlen. Ich selbst bin aus dem Alter für diese Spiele schon raus ...

Ich habe keine Ahnung, was das ist. Auf dem USB-Stick stand „Kunden 2019". Das sind wohl noch Dateien von meinem Vorgänger.

Mein Therapeut sagte, spielen sei gut, um Stress abzubauen.

Wie beschönige ich Unschönes bei Bewerbungen?

Das ist doch kein Nachteil häufig den Job gewechselt zu haben – das zeugt doch eher von Flexibilität und einem hohen Maß an Anpassungsbereitschaft.

EDV-Kenntnisse? Aber klar. Ich hab' bei meinem Kollegen immer den Monitor ausgeschaltet, damit der nicht so heiß läuft.

Den Job bei der Müllabfuhr? Den hatte ich doch nur gemacht, um einen Journalisten bei seiner investigativen Recherche zu unterstützen.

Hobbys? Ich arbeite immer so viel, da bleibt überhaupt keine Zeit dafür.

Das mit der Kündigung steht hier nur für die Arbeitsagentur. In Wirklichkeit wurde der Vertrag im beiderseitigen Einvernehmen aufgehoben.

Natürlich bin ich im Umgang mit Kunden freundlich. Sogar dann noch, wenn die über die Firma, den Chef und die Ware meckern.

Mein Steuerberater meinte damals, ich verdiene zu viel, deshalb bin ich dann auf den Job bei dem Schnell-Imbiss gewechselt.

Seitdem so viele Firmen ihre Frauenquote erhöhen müssen, kommt man als gut qualifizierter Mann kaum noch in eine gute Position ...

Warum ich nach der ersten Lehre noch eine zweite angefangen habe? Ganz einfach um mich möglichst vielseitig auf das Arbeitsleben vorzubereiten.

Software-Kenntnisse? Also, solange ich Ihnen nicht ein Programm schreiben muss, das die Lottozahlen oder Börsenkurse von morgen vorhersagen kann...

Ja, hier ist eine Lücke in meinem Lebenslauf. In dieser Zeit war ich im Ausland und habe meine sozialen Kompetenzen auch im Umgang mit fremden Kulturen erweitert.

Dass ich in den letzten sechs Monaten bei dreizehn verschiedenen Firmen tätig war, ist doch nur ein Beweis dafür, dass man sich um mich gerissen hat.

Nein, das „war immer pünktlich" kann nicht ironisch gemeint sein, ich war immer der erste im Betrieb.

Auch wenn ich vorher als Nachtportier gearbeitet haben — aber in dieser Zeit habe ich mir wesentliche Schlüsselqualifikationen angeeignet.

Der Umgang mit Vorgesetzten? Naja, der war in der letzten Firma nicht so gut, weil der Chef immer mit dem Telefonhörer nach uns geworfen hat. Da kriegt man wirklich Angst bei solchen Wutausbrüchen.

Sie sagen, das „hat den Erwartungen entsprochen" im Arbeitszeugnis, sei eine schlechte Beurteilung? Naja, wissen Sie, mein Ex- Chef ist ein guter Handwerker, aber der kennt sich doch mit den Geheimnissen der Zeugnissprache nicht aus. Der hat das doch positiv gemeint.

Ausreden für Kunden & Geschäftspartner

Der Auftrag des Kunden ist noch nicht erledigt

Ich warte noch auf die Genehmigung vom Chef, aber der ist in einer wichtigen Besprechung.

War das eilig? Das haben Sie aber nicht deutlich genug gesagt.

Ich hatte das erledigt, aber dann ist die Kaffeemaschine explodiert und hat alles versaut.

In unserer Firma ist das noch nie passiert, der Fehler muss woanders liegen.

Seitdem der Chef die neue Rechtschreibung angeordnet hat, brauchen wir Stunden, um alle Worte nochmal nachzuschlagen. Völlig unpraktisch, aber leider Anweisung.

Ich war stundenlang im Lift gefangen.

Ich habe mir das im Terminkalender für den nächsten 29. Februar notiert.Das dauert noch ein bisschen. Mein Kollege hat angefangen, alle Festplatten neu zu formatieren.

Es tut mir leid. Ich wollte ja, aber die betriebsinterne Überstundenregelung hat das bisher verhindert.

Tschuldigung, da habe ich Sie missverstanden.

Die Tastatur vom Computer ist heute irgendwie falsch gepolt. Ich konnte noch nichts eingeben, ohne dass der Computer abgestürzt wäre.

Tut mir leid, aber der Admin hat mir noch nicht das richtige Passwort gegeben.

Entschuldigung, mein neuronales Netz weist heute Routing-Probleme auf.

Der Kunde hat die Ware nicht bekommen

Ich konnte den Auftrag nicht eingeben, hier ist eine Liefersperre.

Unser Großhändler hat es derzeit nicht auf Lager.

Der (Schiffs-/Flug-) Kapitän/LKW-Fahrer ist erkrankt und bei dem Fachkräftemangel ist ein Ersatz nicht so schnell verfügbar.

Der Artikel ist derzeit nicht lieferbar – wurde Ihnen das noch nicht mitgeteilt?

Da muss ich mal an der Pforte nachfragen. *(Mögliche Stellen sind, je nach Organigramm, auch die Versandabteilung oder die Spedition)*

Unser Rohstofflieferant hat offensichtlich das Just-in-time-Konzept noch nicht begriffen.

Bei unserem Lieferanten ist die Halle abgebrannt.

Das Prüflabor/die Technik hat die Ware nicht freigegeben.

Die Schiffsmannschaft vom Frachter hat Gelbfieber und das Schiff ist unter Quarantäne.

Das verstehe ich nicht. Die Spedition hat das doch schon ausgeliefert. War das nicht bei Ihnen?

Hab' grad einen Anruf von unserem Monteur bekommen, der liegt mit dem Lieferwagen und einem Achsbruch auf der Straße und wartet auf den Abschleppdienst. Ich glaube, heute wird das nichts mehr.

Das Personal hat wegen des schlechten Kantinenessens gestreikt.

Die Ware liegt noch in irgendeinem Hafen, weil sie noch nicht verzollt worden ist.

Der Container wurde verwechselt, er ist jetzt auf dem Weg in den Hamburger Hafen.

Der Lastenaufzug ist defekt und wir kriegen Ihre Ware wegen der Absturzgefahr nicht raus.

In unserer Lieferkette klemmt es, wir suchen jetzt neue Lieferanten.

Die Lieferung kommt verspätet

Der Werksstudent hat im Lager geraucht und dann hat die Sprinkler-anlage alles unter Wasser gesetzt.

Die Lieferung wurde versehentlich auf den falschen Lkw geladen, aber keine Sorge, sie ist schon auf dem Rück-weg von Bukarest.

Sie haben nie auf unsere Rückfrage wegen des Liefertermins geantwortet.

Wir haben Verständigungs-Probleme mit dem Lieferanten in China. Der hat die Ware verkehrt rum produziert. Also alles nochmal von vorne.

Der Mann mit dem Warenausgangsstempel ist in Urlaub.

Der LKW mit Ihrer Ladung ist an der Grenze gestoppt worden, stellen Sie sich vor: der Fahrer war ein international gesuchter Terrorist.

Das Kantinenessen war schlecht und die Versand-Abteilung ist komplett krank zu Hause.

Wir haben zu spät bemerkt, dass die verwendeten Rohstoffe nicht der gewohnten Qualität entsprachen. Und da wir nur gute Qualität verkaufen, wird es nochmal neu produziert.

Die Lieferscheine waren falsch bedruckt, wir konnten so nichts fortsenden.

Die Qualitätssicherung musste erst prüfen, ob die Schnelligkeit der Lieferung der ISO-Norm entspricht. Und das hat gedauert.

Wir haben selbst die Ware zu spät vom Hersteller erhalten. Mit dem Just-in-time läuft das noch nicht so.

Sie haben nicht zurückgerufen

Bei den Wartungsarbeiten hat ein Techniker das Kabel falsch verbunden.

Mein Kollege hat vergessen, mir Bescheid zu sagen.

Die Straße wurde aufgebaggert und dabei alle Kabelleitungen zerrissen.

Mein Kollege hat den Rückruf für den falschen Tag eingetragen.

Wir hatten den ganzen Morgen eine Störung in der Telefonanlage.

Tut mir leid, ich hatte sogar extra den Lehrling beauftragt, mich daran zu erinnern und dann hat er es vergessen.

Da werden Milliarden in Telefonleitungen investiert und ausgerechnet in unserem Viertel bricht das Netz zusammen.

Meine Mitarbeiterin ist in Urlaub und hat alle Visitenkarten mit Telefonnummern in ihrem Schreibtisch eingeschlossen.

Nein, ich habe den Anruf bei Ihnen nicht vergessen, musste aber vorher noch etwas mit dem Chef abklären.

Da muss ich erst beim Kurierdienst nachfragen.

Die neue Telefonanlage ist so kompliziert und ich finde die Bedienungsanleitung nicht.

In unserer Straße wurden die Gasleitungen neu verlegt und da muss irgendwas vertauscht worden sein. Immer wenn ich zum Hörer greife, gibt's nebenan eine Detonation.

Die Telefonauskunft sucht noch nach Ihrer Nummer für den Rückruf.

Ich musste mich erst durch einen Berg von Reklamationen wühlen.

Kann es sein, dass die Mail im Spam-Filter hängt?

Heute morgen habe ich gesehen, dass die Mail im Postausgang hängengeblieben ist – ich suche noch den Fehler.

Da war kein Anhang an der Mail – vielleicht wurde der vom Virenkiller entfernt.

Ich würde Ihnen ja gerne helfen, aber nach dem letzten Computercrash darf ich jetzt nicht mal in die Nähe der PCs.

Mein Kollege hängt mit seiner Krawatte im Drucker fest, zur Zeit können wir nichts mehr ausdrucken.

Brief/Mail ist nicht angekommen

Der Brief liegt hier vor mir; er ist wieder zurückgekommen, weil die Postleitzahl falsch war.

Unser Faxgerät ist schon älter und die Faxrolle muss an dem Tag leer gewesen sein.

Hier ist Gewitterstimmung, daher haben wir alle die PCs ausgeschaltet. Das Fax kann ich erst morgen schreiben.

Ich habe gerade von unserem Provider gehört, dass der Server wegen einer nicht bezahlten Rechnung abgeschaltet worden ist.

Na, Sie wissen doch – immer dieser Stau auf der Datenautobahn.

Die Mail ist über China geleitet worden – und sie wissen ja, da herrscht eine immer strengere Zensur.

Irgendein Witzbold hier hat die ganzen Dokumente auf dem Server gelöscht.

Die Rechnung ist noch nicht bezahlt

Die Abteilung zieht gerade um und die Computer/die Unterlagen sind bis nächsten Montag nicht verfügbar.

Wir haben darüber schon ein Protokoll an die zuständige Stelle geschickt.

Die Kontonummer war falsch ausgefüllt, die Bank hat den Betrag zurücküberwiesen, weil sie die Empfängerbank nicht ausfindig machen konnte.

Die Ware ist hier gar nicht eingegangen.

Die Buchhaltung sagte, da wäre noch eine offene Gutschrift.

Die Rechnung liegt im „Erledigt"-Ordner – und wenn sie da drin ist, dann ist sie auch erledigt.

Wegen der enormen Etatkürzungen war diese Zahlung nicht mehr drin.

Der Chef hat das Geld auf die Spielbank gebracht, aber dort schlecht angelegt — er hat alles auf die falschen Zahlen gesetzt.

Die Rechnung ist aus Versehen beim Steuerberater / in der falschen Abteilung gelandet.

Könnten Sie mir den Kontoauszug bitte einmal zufaxen?

Wer hat die Ware denn bestellt? Ich habe darüber keine Unterlagen und kann die Zahlung deshalb nicht freigeben.

Warum die Rechnung noch nicht bezahlt ist? Das müssen sie unsere Bank fragen.

Irgendwie verwechselt die neue Software immer die Euro mit Cent und dann geht gar nichts mehr.

Unser Azubi hat alle alten Rechnungen im Reißwolf entsorgt und einen ganzen Stapel neue Rechnungen dazu. Wahrscheinlich war Ihre auch dabei.

Die Rechnungen kommen jede Woche in die Zahlungs-Lotterie. Ihre Rechnung war in der Ziehung noch nicht dabei. Vielleicht nächste Woche ...

Eine wichtige Unterschrift fehlt noch – aber die Kollegin ist gerade in Urlaub.

Die Rechnung ist leider nicht mehr aufzufinden. Können Sie sie nochmal losschicken?

Wir haben die Ware zurückgeschickt. Haben Sie das nicht verbucht?

Wir haben doch ein viel längeres Zahlungsziel! Können Sie die Rechnung nochmals schicken?

Da hat jemand das falsche Zahlungsziel eingegeben.

Wo ist das Problem? Wir haben die Forderungen mit den Verbindlichkeiten gegengerechnet.

Der Chefbuchhalter ist leider krank, jetzt geht in der Abteilung nichts.

Die Buchhaltung sucht gerade den Stempel für die Kontierung.

Die üblichen Verdächtigen: Probleme mit den Rechenknechten

Unsere EDV prüft gerade das Internet auf Viren, deshalb bleiben heute unsere Computer ausgeschaltet.

Unsere Firewall musste gelöscht werden.

Jemand wollte Pi bis auf die letzte Stelle ausrechnen lassen. Der Computer rechnet immer noch nach.

Wegen eines Systemwechsels kommen wir zur Zeit nicht mehr an die Daten dran, die älter als drei Tage sind. Die EDV arbeitet jetzt daran, den Fehler zu beheben.

Naja, Sie wissen ja, woher EDV kommt: Entweder „Einige Daten Verloren" oder „Eilige Dokumente Vertauscht".

Wir haben eine neue Vertriebssoftware, sind aber noch nicht darauf eingewiesen worden. Unsere Abteilung soll in drei Wochen diese Schulung bekommen.

Der Systemadministrator hat einen Virus, der bis jetzt noch nicht entfernt werden konnte.

Die Maus ist entkommen.

Irgendwelche Hacker aus China haben bei uns das System lahmgelegt, um geheime Firmeninformationen abzugreifen.

Seit drei Tagen hören wir, dass der Service an diesem Problem arbeitet. Mehr kann ich Ihnen auch nicht sagen.

Soviel ich verstanden habe, gibt es keine Bits und Bytes mehr und die nächste Lieferung kommt erst nächste Woche.

Irgendjemand hat als Systemsprache Chinesisch eingestellt. Jetzt haben wir nur noch diese seltsamen Schriftzeichen auf dem Bildschirm und kein Mensch weiß, wie wir wieder unsere lateinischen Buchstaben kriegen.

Ich krieg nur noch Meldungen mit einem Schreibgeschützt-Hinweis. Keine Ahnung, was der Computer mir damit sagen will ...

Seit gestern nachmittag haben wir keine Netzwerkverbindung mehr – und damit auch keinen Zugriff auf den Server mit den ganzen Daten.

Die Festplatte meldet defekte Sektoren. Der Chef holt grad 'nen Schraubenzieher, um sich die anzuschauen. Mein Kollege versucht noch ihn umzustimmen und lieber den Service anzurufen. Sonst wird die Kiste vermutlich nie mehr laufen.

Im Rechenzentrum ist die Klimaanlage ausgefallen und anschließend sind die Rechner heißgelaufen.

Am Monitor fehlen ein paar Pixel rechts unten. Jetzt zeigt er die Zahlen dort nicht mehr an.

Unser IT-Beauftragter hat das System-Passwort vergessen. Jetzt geht nichts mehr.

Ihr Kollege/Chef ist telefonisch nicht erreichbar

Ich kann Sie leider momentan nicht mit ihm verbinden, er hat vorhin ein Hustenbonbon verschluckt und seitdem kriegt er keinen Ton mehr raus.

Er hat eine Besprechung bei seinem Chef, Sie werden verstehen, dass ich ihn da nicht stören kann.

Tut mir leid, die Abteilungsleiter sind nicht erreichbar, weil sie in einer Konferenz sind, um eine Lösung dafür zu finden, warum sie so schwer zu erreichen sind.

Geht nicht, der Chef wurde gestern entlassen.

Er hat gerade ein Gespräch mit einer großen Bank, um die Aktienmehrheit an diesem Autokonzern zu sichern.

Er/Sie ist auf einem Seminar für gute Personalführung.

Heute können Sie auf keinen Fall mehr mit ihm reden, denn als er gesehen hat, wie günstig wir gegenüber der Konkurrenz sind, hat es ihm die Sprache verschlagen. Versuchen Sie es morgen nochmal, vielleicht hat er sich dann vom Schock erholt.

Die Telefonanlage meiner Kollegin ist gerade gestört, der Techniker arbeitet daran, aber es dauert wohl noch eine Weile.

Er hat wichtige Papiere im Auto, die er jetzt gerade holt. Leider hat er heute keinen Parkplatz direkt vorm Eingang gefunden, es könnte also etwas länger dauern.

Der Chef ist gerade auf dem Seminar „Wie mache ich meine Kunden glücklich und zufrieden".

Ist zur Zeit ungünstig, die Herren von der Steuerfahndung sind gerade drin.

Ich kann Sie nicht mit ihm verbinden, die Putzfrau hat das Telefon kaputt gemacht.

Momentan läuft gerade eine Besprechung über die Zukunft der Firmenkommunikation.

Er hat gerade eine gigantische Kreativitätsphase und darf nicht gestört werden.

Wen wollen Sie? Den gibt's hier gar nicht.

Die Chefin hat gerade ein Bankengespräch und es geht es um eine große Transaktion, da darf ich nicht stören.

Der Chef ist auf der Flucht vor dem Finanzamt.

Der Chef ist so mit Prozessoptimierung beschäftigt, dass er heute mit der Stoppuhr vor den Toiletten das zeitliche Einsparpotential misst.

Der Chef hat momentan ein Personalgespräch mit der kleinen Blonden aus dem Versand.

Meine Kollegin ist unterwegs zur Post. Ja, gestern war sie das auch schon. Sie macht das jeden Tag.

Die Chefin ist heute auf der Messe über die Bürokommunikation von morgen.

Die Abteilungsleiterin ist gerade voll mit dem Benchmarking der Kaffeemaschinen in der Kantine beansprucht.

Ausreden für Behörden, Institutionen und Firmen

Wie erkläre ich die nicht bezahlte Rechnung?

Ach, war das Schreiben von Ihnen eine Rechnung? Das habe ich letzte Woche zum Altpapier.

Der Briefkasten an der Bank war letzte Woche abends zugeklebt, ich konnte die Überweisung nicht einwerfen.

Ich habe die Papiere verloren und kann mich auf der Bank nicht ausweisen.

Ein paar Jugendliche haben nachts den Briefkasten so verbeult, dass die Klappe nicht mehr aufging. Erst nach Wochen hat sich der Hausmeister mal darum gekümmert.

Ich dachte, das wird gegen mein Schweigen aus einer schwarzen Kasse von der – na wie hieß die noch, diese Partei? – bezahlt.

Ich habe meine Brille verlegt und die Schrift war so klein.

Mein Kind hat die Rechnung zum Malen benutzt und hinterher konnte man weder Ihre Adresse noch die Bankverbindung lesen.

Ich dachte, mein Mann hätte Ihnen eine Einzugsermächtigung gegeben ...

Wissen Sie, ich bezahle die Rechnungen nie sofort, sondern sammle sie in einer großen Schachtel, und einmal im Monat ziehe ich eine raus, die dann gleich bezahlt wird. Wenn Sie diesen Monat nicht dabei waren, haben Sie ja vielleicht nächsten Monat mehr Glück.

Rechnung? Hier ist keine angekommen. Von wann soll die sein?

Ich dachte, mein Mann/meine Frau hätte das schon geregelt.

Ich kann die Rechnung erst bezahlen, wenn ich sie wieder gefunden habe. Ohne die fehlen sämtliche Kontoverbindungen.

Ich habe die Rechnung per Online-Banking bezahlt. Ob vielleicht der Geldtransfer wegen irgendeinem Computerfehler nicht geklappt hat?

Ich zahle nie an Tagen, die auf „g" oder „h" enden.

Ich habe mein Handy verloren und ohne dieses bekomme ich keine TAN-Nummer fürs Überweisen.

Ich habe bezahlt, aber die Konto-Nummer war offensichtlich falsch, das Geld ist wieder zurückgebucht worden.

Mit diesen ganzen Bankfusionen, das macht mich so durcheinander, dass ich jetzt gar nicht mehr weiß, welches meine Bank ist.

Diesen Monat bezahle ich die Rechnungen von Firmen, deren Namen zwischen A und G liegt. Ihre Firma ist erst im nächsten Monat dran.

Seit mein Mann diesen Schredder hat, ist nichts mehr vor ihm sicher.

Die mobile TAN wurde leider ans falsche Handy geschickt und dann wurde der Überweisungsvorgang abgebrochen.

Ich wollte am Bankautomaten überweisen, und dann ist das Ding kaputt gegangen und hat meine Karte geschluckt. Ich muss jetzt während der Öffnungszeiten auf die Bank, aber im Geschäft ist so viel los, da kann ich nicht fehlen.

Das macht immer alles mein Steuerberater und der ist spurlos verschwunden.

Ich wollte das mit der nächsten Abrechnung aufrechnen.

Ich wollte ja auf die Bank, aber die Schlange dort war so lang wie sonst auf dem Sozialamt. Und so viel Zeit hatte ich nicht.

Die Überweisung ist nicht angekommen? Ich wusste ja schon immer, dass man diesem Online- Banking nicht trauen kann.

Ach, die Rechnung war in Euro? Ich dachte, das wäre in Cent gewesen.

Tja, mein Hund ist jetzt leider auf den Geschmack von 80-g- Papier gekommen.

Ich kann nicht bezahlen, weil ich die PIN von meinem Mann nicht kenne. Und der liegt gerade im Krankenhaus im Koma.

Diesen Monat geht das nicht mehr. Ich habe vorgestern Tausend Euro vom Sparbuch geholt, um endlich alle offenen Rechnungen zu bezahlen und bin auf dem Heimweg ganz

dreist beklaut worden. Nun habe ich für diesen Monat nichts mehr übrig.

Meine Bank hatte keine Formulare mehr. Und über Online-Banking zahle ich aus Prinzip nicht.

Wie erkläre ich meine Verkehrssünden?

Komisch, mein Tacho hat nur 50 km/h an- gezeigt. Ob der sich festgehängt hat?

Ich muss schnell ins Büro, gleich kommt ein wichtiger Telefonanruf, es geht um ein Millionen- Projekt, bitte schicken Sie mir das Ticket und halten mich nicht länger auf.

Wieso mein TÜV abgelaufen ist? Na, dann schauen Sie doch mal: die Schrift auf dem Stempel ist so klein – wie soll ich das ohne Brille lesen können?

Das Einbahnstraßenschild war von einem Baum verdeckt.

Ich habe doch nur versucht, das Auto zu verfolgen, in dem der Handtaschendieb gerade flüchtet. Jetzt ist er mir durch die Lappen gegangen. Mit 500 Euro!

Falsch durch die Einbahnstraße? Mein Navigationssystem hat mir gesagt, ich muss da durch.

Ich muss ganz schnell meine Frau ins Krankenhaus bringen. Hey? Wo ist meine Frau? Mist, ich wusste, ich habe was vergessen.

Das Auto mit dem Fernlicht hinter mir hat mich geblendet, deshalb bin ich langsam immer schneller geworden.

Wieso sind die Reifen schon abgefahren? Die habe ich doch erst letztes Jahr draufmachen lassen.

Naja, nach dem elften Bier habe ich nicht mehr so auf die Promillezahl geachtet.

Die rote Ampel? Hab keine gesehen, der Lkw vor mir war zu hoch.

Wollte nur testen, ob Ihr Radargerät funktioniert. Was sagen Sie? 75 km/h? Na, das stimmt doch genau.

Verkehrsschilder? Da war so viel Nebel, ich konnte keines sehen ...

Ich habe vor einer halben Stunde ein Abführmittel genommen, bitte lassen Sie mich ganz schnell weiterfahren, sonst passiert was.

Nicht ich war zu schnell – das Auto vor mir war zu langsam!

Ich habe ein UFO gesehen und habe für eine Sekunde die Fassung verloren. Erst als es geblitzt hat, habe ich gemerkt, dass ich zu schnell gefahren bin.

Tja, die rote Ampel habe ich übersehen, weil ich von der Blondine im Auto rechts so geblendet war.

Wieso ich in der Einbahnstraße rückwärts gefahren bin? Weil es vorwärts nicht weiter ging. Irgendwer hat den ganzen Verkehr aufgehalten.

Nicht ich habe die Radarfalle ausgelöst, das war das tieffliegende Sportflugzeug, das dahinten gerade weiterfliegt ...

Zu schnell gefahren? Naja, kann sein, mir ist die Zigarette auf den Sitz gefallen und da bin ich mit dem Hintern ein wenig höher, um sie zu greifen, dabei bin ich wohl zu stark aufs Gaspedal getreten.

Überholverbot? Ja, aber die Nebelschlussleuchte vom Vordermann war bei diesen Lichtverhältnissen so grell, dass ich einfach überholen musste.

Mir ist einer so dicht aufgefahren, dass ich wohl unbewusst immer schneller geworden bin.

Zu schnell? Wissen Sie, wie schnell ich auf eine Toilette muss? Ich kämpfe mit diesem Magen-Darm-Virus, der gerade umgeht ...

Der Führerschein? Den müssten Sie doch noch haben ... Sie haben ihn doch nicht etwa verschlampt?

Durch einen plötzlichen Niesanfall hat sich der Druck auf das Gaspedal erhöht und deshalb war ich kurzzeitig für fünf Sekunden zu schnell.

Meine Mutter/meine Frau hat angerufen, dass mein Opa/mein Hamster im Sterben liegt, ich muss schnell heim, um Abschied nehmen zu können.

Verbandszeug, Warndreieck und Weste? Das ist noch bei einem Kumpel. Dort habe ich gestern beim

Umzug geholfen und fürs Einladen neben hingestellt –– und dann vergessen wieder einzuladen.

Rad fahren auf dem Bürgersteig ist verboten? Aber auf der Straße schaffe ich es nicht mehr zu fahren, seitdem ich mal vom Auto angefahren worden bin. Bin schon in Therapie deswegen, aber das dauert noch eine Weile, bis ich das nervlich schaffe ...

Der Promillewert? Na, als Schulnote wäre 1,3 doch prima.

Bei dem Gewitter hat mich der Blitz geblendet, das muss wohl genau an der Stelle gewesen sein, wo das Schild mit dem Tempolimit stand.

Für dieses hässliche Foto bezahlen? Das taugt ja noch nicht mal für den Personalausweis.

Das mit der Promillezahl müssen Sie völlig nüchtern betrachten.

Wie erkläre ich dem Straßenverkehrsamt die Falschparkerei?

Vorhin war das Schild nicht zu sehen, da hat nämlich ein LKW geparkt.

Das Verkehrsschild war gestern Abend im Dunkeln nicht ausreichend beleuchtet, deshalb konnte ich es nicht sehen.

Ich parke überhaupt nicht hier – mein Auto steht da, weil er ruckelt und stottert und ich habe ihn notdürftig dort abgestellt, um die Werkstatt anzurufen.

Wieso falsch parken? Ich hab's im Kreuz und parke dann richtig, wenn ich die Tür weit genug aufkriege, um überhaupt aussteigen zu können.

Ich bin blond, das erklärt doch alles, oder?

115

Ich habe jemanden gesucht, der mir die 10 Euro in Kleingeld wechseln kann.

Ich habe nur schnell nach einer öffentlichen Toilette gesucht.

Ich habe das Auto hier nur kurz abgestellt, um einer alten Frau dort drüben über die Querstraße zu helfen. Das hat doch nur drei Minuten gedauert.

Ich musste das Auto dringend hier abstellen, dem Hund war vom Fahren schlecht und er war kurz vorm Erbrechen.

(Mit einem Lächeln oder Augenzwinkern:) Ich bin eine Frau.

Ich arbeite nebenbei als Pressereporter und als ich gesehen habe, wie ein Mann einen Hund beißt, musste ich einfach schnell das Auto abstellen, um das zu fotografieren.

Ich habe mich in der Parkzeit um eine Stunde verlesen.

Die Sonne hat mich geblendet, ich konnte das Schild nicht sehen.

Muss am Vollmond heute Nacht liegen. Das war ich gar nicht. Jemand muss mein Kfz-Kennzeichen gefälscht haben.

Ich könnte schwören, dass das Schild vorhin noch nicht da war.

Drei Minuten können unmöglich schon vergangen sein. Sind Sie die Politesse? Schön, dass Sie kommen. Vielleicht können Sie mir etwas Kleingeld für den Automaten geben.

Ich hatte einen Parkschein im Auto. Leider war es aufgebrochen worden und jemand hat das Auto leergeräumt. Und dummerweise auch noch den Parkschein mitgenommen.

116

Ich wollte doch nur schnell nach dem Weg fragen.

Das Verkehrsschild da hinten? Ich bin nicht von hier ...

Wie erkläre ich das Fahren ohne gültigen Fahrschein?

Ich dachte für Stehplätze braucht man nicht zu zahlen.

(Einen Jugendherbergs- oder anderen Ausweis vorzeigen und sagen:) Dies ist ein ...-Ausweis mit integrierter Netz- karte.

Ich gehöre einer freien Kirche an und mein Glaube verbietet mir für den Personennah- verkehr zu zahlen.

Ich wollte ja gar nicht mitfahren, sondern mir nur den Stoff der Sitzpolster anschauen – aber kaum war ich drin, ging die Fahrt auch schon los.

Der Fahrer fährt so schlecht, dafür kann man kein Geld verlangen.

Ich verfolge den Taschendieb, der meinen Geldbeutel geklaut hat. Der sitzt in der Straßenbahn vornedran.

Auf ein Schild schreiben: Ich bin Schlafwandler, sprechen Sie mich bitte nicht an, sonst erleide ich einen Schock.

Wegen der Online- Kriminalität wollte ich nicht bargeldlos, sondern per Scheck bezahlen, das ging am Automat aber nicht.

Mein Therapeut meinte, ich solle mich von allen Zwängen befreien - und ein Fahrschein ist ein Zwang, nicht wahr?

Der Automat war übervoll, da war kein Platz mehr für mein Geld.

Wer fährt denn hier schwarz? Ich bin doch farbig angezogen.

Ich bin mit ein paar Leuten und einem Gruppenticket unterwegs gewesen und habe es beim Umsteigen nicht rechtzeitig geschafft auszusteigen. Das Ticket hat die Julia.

Na sowas! Jetzt habe ich die Monatskarte nicht dabei.

Ich warte mit dem Bezahlen schon die ganze Zeit auf den Schaffner.

Am Automaten zu zahlen finde ich so unpersönlich – lieber bei jemandem wie Ihnen.

Ohne meine Brille kann ich die Hinweisschilder nicht lesen.

In der Zeitung stand doch was von Aktionstagen mit freien Fahrten.

Wird hier nicht wie beim Taxi bei der Ankunft bezahlt?

Der Kartenautomat hat das Geld immer wieder ausgespuckt.

Ich bin mit meinem Mann unterwegs. Der hat beide Tickets und den habe ich verloren.

Bei der letzten Wahl hat der Bürgermeister gesagt, er will freie Fahrt für freie Bürger. Ich bin ein freier Bürger.

Bevor ich für etwas zahle, schaue ich erst mal, ob ich mit dem Service zufrieden bin und der Service hier ist schlecht.

Wie erkläre ich der Versicherung das Missgeschick oder den Unfall?

Ich bin rot-grün-blind und das Auto war leider rot.

Eine Windböe hat ein Stück Zeitung auf meine Windschutzscheibe gewirbelt. Für zwei Sekunden habe ich nichts gesehen und in dieser Zeit ist der Unfall passiert.

Auf einmal war das Auto auf der Straße, es muss vorher unsichtbar gewesen sein.

Der Mann hat solange meinen Hund durch Grimassen provoziert, bis mein Hund ihn gebissen hat.

Ein Auto kam aus dem Nebel, traf das meine und verschwand genauso nebulös.

Unsere Bauchtanzgruppe übt gerade für den nächsten Auftritt — irgendwie habe ich dabei die Vase umgestoßen.

Ein Kind hat die Vase umgestoßen. Ich weiß nur nicht, welches von meinen sieben.

Der Hund hat mit dem Kabel der Hifi-Anlage gespielt.

Als ich durch die Glastür gelaufen bin, hatte ich meine Brille nicht auf.

Eine Wespe war plötzlich im Auto und hat mich völlig nervös gemacht.

Der Fußgänger war ganz unentschlossen, welche Richtung er einschlagen soll, nur deshalb habe ich ihn angefahren.

Da war eine Spinne an der Wand und ich habe mit der Zeitung nach ihr geworfen, aber nur die Vase getroffen.

Die Katze war auf Fliegenjagd und hat dabei die Fensterbank abgeräumt.

Als ich mich der Kreuzung näherte, war da auf einmal ein Stop-Schild, das letzte Woche noch nicht dort war, und davon war ich so überrascht, dass ich nicht mehr rechtzeitig bremsen konnte.

Ich hatte den Regenschirm neben auf dem Beifahrersitz und als ich nach den Keksen daneben greifen wollte, muss ich auf den Auslöseknopf gekommen sein, der Schirm hat sich geöffnet und ich habe nichts mehr gesehen.

Ich bin nur deshalb gegen den Pfosten gefahren, weil er vorher von den ganzen Fußgängern verdeckt war.

Ich habe die Frau nicht umgerannt; ich bin einfach vorbeigerannt; die Frau ist dabei durch den Luftzug umgefallen.

Mein Jackett war in den Schultern so eng, dass ich mich beim Einparken nicht weit genug umdrehen konnte.

Ich habe meine Schwiegermutter plötzlich auf der anderen Straßenseite erblickt und dann die Kontrolle über das Auto verloren.

Beim Versuch die lästige Fliege im Auto totzuklatschen, habe ich wohl einen Moment nicht auf die Straße geachtet.

Ich habe nach hinten geschaut und da war nichts zu sehen und plötzlich fahre ich gegen das Straßenschild.

Ich habe den Fußgänger nur deshalb erwischt, weil ich dem Auto vor mir ausweichen musste.

Vor mir fuhr ein riesiger Tankzug und von dessen Luftzug bin ich über die rote Ampel gezogen worden.

Wie lässt sich die Wartezeit beim Arzt, Friseur oder an der Kasse des Supermarkts verkürzen?

Das Essen steht schon auf dem Herd und brennt sonst an.

Bitte lassen Sie mich vor, meine Mittagspause ist gleich vorbei.

Mein Mann wartet draußen im Auto und wird so jähzornig, wenn er lange warten muss.

Mein Kindermädchen ist nicht gekommen.

Bitte lassen Sie mich vor, ich bekomme unter Menschen Angstzustände.

Bin nur kurz weg, weil gleich ein Monteur wegen der Waschmaschine kommt.

Ich vertrage die Luft in Arztpraxen nicht, mir wird immer gleich schlecht.

Ich kann meinen Hund nicht lange allein in der Wohnung lassen, der zerfetzt sonst das Sofa.

Mein Bus geht gleich und der nächste geht erst in zwei Stunden.
(Wahlweise kann es auch die Straßenbahn, der Zug oder ein Flugzeug sein.)

Muss gleich wieder heim, der Jüngste liegt krank im Bett, brauche nur kurz ein Rezept.
(Oder im Supermarkt: brauche schnell was zum Essen machen.)

Ich hab' ein Huhn im Ofen und das wird sonst so zäh.

Habe eine Darm-Infektion und muss schnell wieder nach Hause auf die Toilette.

Mein Auto steht im Halteverbot.

Ausreden für Mutige

Ob Ihnen das jemand abnimmt? Ausreden warum Sie noch nicht reich oder berühmt sind

Ich habe beim Pferderennen mal auf einen Außenseiter gesetzt, der hat sogar gewonnen und die Wettquote war einmalig. Aber den Schein habe ich nicht mehr gefunden und konnte mir deshalb das viele Geld nicht abholen. That's life.

Vielleicht säße ich heute im Vorstand von Daimler, wenn ich nicht von diesem missgünstigen Abteilungsleiter so schlecht beurteilt worden wäre. Irgendwann hatte ich das Mobbing satt und habe die Firma gewechselt.

Ich wollte Ende der 80er Jahre SAP-Aktien kaufen und wäre heute damit steinreich, aber mein Banker meinte damals, EDV habe keine große Zukunft.

Mein Geigenlehrer hat mir eine große Zukunft vorhergesagt. Leider habe ich mir mit 10 Jahren die Hand gebrochen und habe nie wieder die nötige Beweglichkeit gekriegt.

Eigentlich sollte ich vor vielen Jahren einmal *(Name Schauspieler)* in diesen tollen Szenen von *(Name Kinofilm)* doubeln, aber blöderweise hatte ich mir beim Skifahren den Knöchel gebrochen und konnte mit Gips nicht vor die Kamera.

Ich habe früher in einer Band gespielt, wir hatten einen tollen Plattenvertrag und wir waren sogar mal auf einer Tournee als Vorgruppe der Stones. Leider gab es dann Krach mit dem Leadsänger und die Band wurde aufgelöst. Sonst wären wir bestimmt zur Newcomer-Band geworden, neben uns haben die Stones ganz schön alt ausgesehen.

Als Schüler hatte ich in einer Theatergruppe gespielt und bereits ein richtiges Rollenangebot bekommen, aber dann doch das Studium angefangen. Wer weiß, ob ich nicht berühmt geworden wäre ...

In den 60ern habe ich die Beatles in Hamburg kennengelernt und John wollte mich als ihr Manager haben, aber der Paul war leider dagegen. *(Falls die 60er zu weit zurückliegen für Ihr Alter, suchen Sie sich ein anderes Jahrzehnt mit einer anderen Band aus.)*

Ich hatte ja mal einen Lottoschein mit 6 Richtigen ausgefüllt – und dann hat meine Frau vergessen, ihn abzugeben!

Hab' mal bei meiner Oma im Nachlass ein altes, kitschiges Gemälde gefunden und auf dem Flohmarkt für 50 Euro verkauft. Später habe ich es in der Zeitung gesehen – es war ein echter Spitzweg und 500.000 wert.

Ich war als Kind ein Spitzen-Basketball-Spieler, aber dann mit 13 bin ich einfach nicht mehr gewachsen.

Meine Großeltern hatten enorme Ländereien, aber sie haben sie kurz nach dem Krieg für einen Appel und 'n Ei verkauft. Heute stehen da Industrieanlagen und das Gelände ist Millionen wert.

Ich bin in Paris mal nachts in einem Bistro von einem seltsamen Typen angesprochen worden, ob ich nicht als Modell arbeiten wolle. Mir war der Typ völlig unsympathisch, deshalb habe ich abgelehnt. Als der weg war, hat mir jemand gesagt, dass das Karl Lagerfeld war.

Ich wäre heute ein begnadeter Konzertpianist, wenn mich mein Klavierlehrer richtig gefördert hätte.

Mein Opa hat in den 1950-er Jahren für einen Pharmakonzern ein heute noch häufig verkauftes Medikament entwickelt. Können Sie sich vorstellen, dass er damals mit 300-Mark-Prämie abgespeist worden ist? Das war's mit dem Reichtum.

An der Uni habe ich ein tolles Forschungsprojekt aufgezogen, aber der Assistent vom Prof hat das dem als seine eigene Leistung verkauft. Und jetzt ist der Lehrstuhlinhaber in Harvard. Aber da sieht man mal wieder, dass man nur durch Intrigen weiterkommt.

Wenn ich nicht schon mit meinem Mann verheiratet gewesen wäre, als ich George Clooney kennengelernt habe, dann wäre ich Mrs. Clooney geworden.

Kennen Sie noch die erfolgreiche Auto-Werbekampagne? Na, Sie wissen schon... Die Idee stammt ja eigentlich von mir, im

Urlaub vor zwei Jahren habe ich die Jungs von der Werbeagentur kennengelernt, wir haben zusammen einen gehoben und zu vorgerückter Stunde habe ich denen diese spontane Idee erzählt. Was hätte ich verdienen können, wenn ich da beteiligt worden wäre...

Meine Familie wäre heute unheimlich reich, mein Großvater hatte einen Haufen Aktien von Coca-Cola geerbt und sie gleich verkauft, weil damals noch niemand Coca-Cola kannte. Heute wären die ein Vermögen wert.

Tja, das mit der ersten Million hat nicht geklappt, aber jetzt arbeite ich gerade an der zweiten.

Es ist erschütternd. In der Genforschung haben sie ein Pechsträhnen-Gen beim Menschen gefunden. Und ausgerechnet ich bin Träger dieses Gens. Das erklärt doch einiges in meiner Biographie.

Ich stand ja schon als Kleinkind für Werbespots vor der Kamera und mit meinem Talent wäre ich schon ein Star, aber mein Vater meinte damals, die Schule sei wichtiger.

Nun ja, mit meiner Geburtskonstellation und Mars im 13. Haus kann das mit dem Reichtum nicht klappen.

Als ich damals in den 1990er Jahren in den USA studiert habe, habe ich einem netten Kerl namens Jeff von meiner Idee mit dem Internet-Buchversand erzählt. Heute zählt Jeff dank dieses Online-Versands zu den reichsten Männern der Welt.

Ich hatte mal eine tolle Erfindung gemacht, nämlich den beutellosen Staubsauger, aber auf dem Patentamt haben die meine Unterlagen verschlampt und bis das aufgeklärt war, hatte schon jemand anderes das Patent angemeldet.

Im Betrieb habe ich vor ein paar Jahren ein Gerät zur Energie-Einsparung in der Produktion entwickelt, die Firma hat dann das Patent angemeldet und mich mit 10.000 Euro abgespeist. Inzwischen gibt es weltweite Lizenzen und Millionen-Umsätze damit. Tja, Pech gehabt.

Das glaubt Ihnen kein Mensch: Ausreden aus dem Reich der Phantasie

Gestern Abend standen plötzlich Jesus und Buddha in meinem Zimmer und diskutierten mit mir die ganze Nacht lang ihre ethischen Ansätze. Deshalb habe ich heute morgen total verschlafen. Aber ich weiß jetzt Bescheid.

Elvis lebt! Gestern Abend habe ich ihn in der Stadt getroffen und deshalb bin ich so verspätet.

Ich bin auf dem Weg zum nächsten Meeres-Archäologie-Institut. Heute Nacht im Traum bekam ich von einem uralten Mann die Koordinaten, wo Atlantis mit seinem Gold versunken ist.

Eine Stimme aus dem Jenseits hat mir gesagt, ich solle im Bett bleiben, sonst würde die ganze Welt untergehen.

Ich bin im Traum in ein Zeitloch gefallen und habe nicht mehr rausgefunden.

Ich bin im Urlaub im Kaukasus von einem wild lebenden Nomaden-Stamm entführt worden – jetzt reagiere ich allergisch auf Zelte und Tierhaare.

Die Subraumschwingungen fühlen sich heute so komisch an, mir ist richtig übel.

Ich musste meinen Urlaub verlängern: erst gab es einen Taifun, danach wurde das Hotel von der Flutwelle eines Seebebens weggespült und dann habe ich mein Flugticket nicht mehr gefunden.

Der Taxifahrer hat mich trotz meiner Proteste nach Memphis gefahren, weil er mir unbedingt zeigen wollte, dass Elvis noch lebt. Der war aber grad nicht zu Hause.

Unglaublich, ich war in den USA in Urlaub und wusste nicht, dass es in New Hampshire ein Gesetz gibt, welches den Leuten verbietet, zu den Takten von Musik mit dem Kopf zu nicken oder mit den Füßen zu klopfen. Und genau das habe ich in einem Café getan und wurde verhaftet. Bis ich rauskam, war mein Rückflug verfallen, hatte jede Menge Ärger mit den Behörden und der Fluggesellschaft, naja kurzum: ich war drei Wochen länger als geplant in den Staaten.

Bin leider zu spät, mein Raumschiff hatte Verspätung. Irgendwie hat es an der letzten Galaxie die Abfahrt verpasst.

Ich bin heute morgen aufgewacht und war mit unsichtbaren Stricken an mein Bett gefesselt. Noch nicht einmal den großen Zeh konnte ich bewegen.

Ein Ufo wollte die Erde wegsprengen, weil sie der intergalaktischen Schnellstraße im Weg war. Es hat mich enorm viel Zeit und Energie gekostet, sie von einer neuen Streckenführung zu überzeugen.

Heute morgen hab' ich gedacht, ich bin in einem Science-Fiction-Film. Rund um mein Haus war eine durchsichtige Wand, durch die ich einfach nicht durchkam. Noch nicht einmal das Telefon funktionierte. Abends gab's dann einen hellen Blitz und der ganze Spuk war vorbei.

Irgendwie ging es mir wie Alice in Wonderland: erst werde ich durch einen Wirbelsturm hochgeschleudert, dann komme ich irgendwo in der Fremde an und habe die größte Mühe, wieder nach Hause zu kommen. Da ist es kein Wunder, wenn man drei Tage nicht erreichbar ist.

Da waren Tomaten auf dem Teller als ich den Horrorfilm gekuckt habe, die sind jetzt zu Killergemüse mutiert, ich bleibe jetzt einfach zu Hause, bis alle eingefangen sind.

Ich konnte nicht kommen, die Borg hatten mich für zwei Tage probehalber assimiliert.

In der Reinkarnationstherapie habe ich gestern erfahren, dass ich in meinem früheren Leben einen Goldschatz in Alaska vergraben habe. Sie werden verstehen, dass ich in den nächsten Wochen auf der Suche bin und nicht kommen kann.

Ein Teppichhändler wollte mir einen fliegenden Teppich verkaufen und als ich sagte, das gibt es nur im Märchen, hat er mich draufgesetzt und wir sind abgeflogen. Ich habe mich einfach nicht getraut runterzuspringen und bin zwei Tage zwangsweise durch die Lüfte gesegelt. Aber jetzt bin ich ja wieder da. Den Teppich habe ich nicht gekauft, das war mir echt zu heikel.

Meine Hausastrologin sagt, bei meinem Aszendenten gibt es mit Neptun im 2. Haus nur Ärger.

Ich habe mir gestern per E-Mail einen Virus eingefangen, der hat meinen Radiowecker resettet, den Chip in der Kaffemaschine zerstört, die Fernbedienung für die Garage lahmgelegt und die Elektrik in meinem Auto kurzgeschlossen. Diese Hacker sollten doch wirklich geteert und gefedert werden!

Ich hänge gerade festgeklebt an einem Kaugummi und komme nicht mehr los. Jetzt warte ich auf die Feuerwehr mit der Rettungsschere.

Ich konnte nicht kommen, Außerirdische haben mein Benzin in Wasser verwandelt.

König Artus ist vor drei Tagen in meine Wohnung gekommen und sagte, er bräuchte mich für die Tafelrunde. Naja, das Essen und Trinken war ja recht nett, aber die ganze Ritterschaft ist ja doch ein ziemlich verkommener Haufen.

Ein Ufo hat mich raufgebeamt und mich erst heute morgen wieder in meine Wohnung gebracht.

Das sind die Auswirkungen des Teilchenbeschleunigers. Irgendwie ist hier zu viel Antimaterie in der Luft.

Ich habe geträumt, ich wäre die Hauptperson in Gullivers Reisen und läge gefesselt am Strand. Der Traum war so real, dass ich mich mehrere Stunden lang nicht aus dem Bett bewegen konnte.

Ich hänge in einem Raum-Zeit-Kontinuum fest.

Tja, ich war am Sonntag wandern und als ich dann hinter den sieben Bergen war, kamen sieben Zwerge und haben mich festgehalten, weil sie meinten, ich sei der Prinz von ihrem Schneewittchen. Die kosmische Strahlung ist heute so stark, dass alle Computerteile darunter leiden.

Bin mit Batman unterwegs gewesen. Zumindest sagt das meine Wahrnehmung. Ob ich am Wochenende zuviel Comics gelesen habe???

Das Rot der Ampel erreicht meine Wahrnehmung nicht mehr, seitdem ich mich durch intensive Meditationen auf eine höhere Schwingungsstufe versetzt habe.

Gestern Abend hab' ich mich so stark gefühlt wie Arnold im Terminator, leider hab' ich in der Auseinandersetzung dann doch den Kürzeren gezogen und war heute morgen noch im Koma.

Das musste ja passieren. Mein Karma ist heute so schlecht.

Erst kam diese Dürre und dann die Sintflut und als dann noch die Apokalyptischen Reiter ums Eck gebogen sind, bin ich schnell wieder heim.

Jemand hat alle
Mitarbeiter und den Chef
hypnotisiert. Ich bin nur
entkommen, weil ich
gerade auf der Toilette
war.

Houston hatte ein
Problem und ich musste
es lösen.

Meinen Kollegen
sprechen? Geht nicht.
Scotty hat ihn
hochgebeamt.

Wenn ich erstmal die
Karma-Transplantation
hinter mir habe, wird
alles besser.